Glücklich leben

Robert Bauer

Glücklich leben

Bibliografische Information der Deutschen Nationalbibliothek: Die Deutsche Nationalbibliothek verzeichnet diese Publikation in der Deutschen Nationalbibliografie; detaillierte bibliografische Daten sind im Internet über dnb.dnb.de abrufbar.

Herstellung und Verlag: BoD – Books on Demand, Norderstedt
Coverfoto: pixabay.com

ISBN: 9783756209828

Es gibt für Sie ein Leben, das glücklich macht – egal wieviel Geld Sie vorläufig haben. Egal, wie gesund oder krank Sie vorläufig sind. Und egal, wieviele Träume sich vorläufig erfüllt oder endgültig zerbröselt haben. Es gibt ein Leben, das nicht von den wechselnden Umständen und Launen der Menschen abhängt. Auch nicht von Ihren eigenen. Ein Leben mit einem stabilen Zentrum. Mit einer Quelle, die Sicherheit und Souveränität gibt. Mit Gelassenheit und innere Stärke für alles, was so daherkommt im Leben. Ein Leben mit echter Qualität, das immer wieder neu Freude macht. Trotz aller politischen, wirtschaftlichen und persönlichen Krisen.

Dieses Leben gibt es. Sie können es heute haben.

Sie können natürlich gerne auch darauf verzichten. Wenn Sie wollen, freuen Sie sich lieber auf Ihr Plätzchen am Friedhof! Oder fürchten Sie sich davor, je nachdem. (Denn der Friedhof ist ja dann doch, worauf Sie zusteuern, wenn Sie mal ganz ehrlich sind.)

Wollen Sie das wahre Leben umarmen und dafür etwas wagen? Oder reicht Ihnen ein Dasein voller vorübergehender Nebensächlichkeiten – und dann der sichere Tod?

Es ist Ihre Entscheidung.

Kick-off

Danke, dass Sie in dieses Buch investiert haben: Sie haben Überwindung investiert, weil Sie der Titel „Glücklich leben" vielleicht angesprochen hat, aber der Untertitel vielleicht eher nicht. Sie haben gerade eben Energie investiert, um es trotzdem mal aufzuschlagen. Ihre Augen folgen den Zeilen (noch waren es ja nicht allzu viele, trotzdem danke). Sie verzichten darauf, in diesem Moment etwas anderes zu tun. Danke nochmals.

Dieses Investment zahlt sich aber nur aus, wenn Sie sich auf ein simples Gedankenexperiment einlassen. Nämlich auf eine Arbeitshypothese, in die Sie bitte einfach mal so einsteigen. (Sie können jederzeit wieder aussteigen.) Diese Hypothese, diese Annahme lautet:

Gott lebt, und er ist genauso, wie ihn die Bibel beschreibt: Nämlich super, im Überfluss*.

Natürlich ist diese Hypothese eine heftige Zumutung für den Verstand, die Wahrnehmung, die eigene Alltags-Erfahrung, ich weiß. Nach allem, was so in den letzten Jahrtausenden geschehen ist. Aber wenn Sie tief durchatmen, wenn nötig seufzen und diese Annahme als bloße Theorie einmal stehen lassen, erst dann lohnt sich Ihr Investment, dieses Buch zu lesen.

Und wie gesagt: Sie können Ihre Einwilligung in diese Annahme jederzeit widerrufen, no problem.

Trotzdem – versuchen Sie es: Niemand beobachtet Sie, niemand erfährt davon. Ihr Image nach außen bleibt völlig intakt. Sie werden dadurch nicht Mitglied einer irren Sekte, kein religiöser Spinner** und auch kein Weichling.

Im worst case werfen Sie dieses Buch am Ende oder wenn nötig vorher schon einfach in den Papiermüll.

Im best case – na lassen Sie sich überraschen. Vergessen Sie aber nicht den Titel des Buches: Es geht darum, wirklich glücklich zu leben. Und das wollen wir doch alle, wissen aber nicht so ganz genau, wie das geht.

Noch ein letzter Hinweis: Dies ist KEIN Krimi. Es nützt also nichts, einfach die letzten zwei Seiten zu lesen und trotzdem das Wesentliche mitzubekommen. Sie müssen da jetzt durch, sorry.

super: „sehr gut, großartig, hervorragend" (duden.de)
*** Alle Bezeichnungen in diesem Buch meinen, wo Sie es wollen, auch die weibliche Form.*

1
Unser Traum

Au Mann, so schön könnte das Leben sein: Geld und Spaß, sinnvolle Arbeit und tolle Urlaube, coole Freunde, ein herzensguter Lebensmensch an der Seite und tiefe Spiritualität. Musik, köstliches Essen, Anerkennung, Sport, Erotik, Gesundheit, ruhiger Schlaf, Abenteuer. All das zusammen macht ein Leben rund. Schön, dass so viele Menschen auf der Welt all das erleben und darum Freude und Herzenswärme sich auf der Erde unaufhaltsam ausbreiten.

Ah, Widerspruch? Danke. Denn diese 360°-Zufriedenheit gibt's so nicht. Zugegeben, manche Menschen haben Glück. Sie haben in einem einzelnen Lebensbereich längere Zeit oder in mehreren Lebensbereichen gelegentlich solche Erfüllung. Aber sehr viele Menschen kennen selbst dieses bisschen Glück nicht. Die meisten auf diesem Globus können von all dem bestenfalls träumen: Die alleinerziehende, HIV-positive Mutter in Botswana, die tolle Urlaube in der Karibik genießen kann? Ein Wanderarbeiter in China, der ein zutiefst erfüllendes Familienleben gestaltet und sich bester Gesundheit erfreut? Ein junger Rechtsanwaltsanwärter in Mitteleuropa, der im ersten Job in der Kanzlei unzähligen Mandanten selbstlos hilft und dafür mit Anerkennung und Wertschätzung überschüttet wird? Selten so gelacht.

Und selbst wenn's wirklich gut läuft: Perfekt und dauerhaft ist unser Glück nie. Wenn man Millionen im Lotto gewinnt, schützt das kein bisschen vor dem Krebs in der Bauchspeicheldrüse oder sonstwo. Und das beste Menü im Haubenlokal ist ein paar Stunden später doch nur ein Häufchen – na Sie wissen schon was. (Ich weiß, man kann immer wieder ins Haubenlokal gehen. Doch irgendwann macht die Kreditkarte und/oder die Galle schlapp. Und am Ende schlägt die Demenz zu, und man versucht mit dem Seniorenhandy die Salamandersuppe auszulöffeln – die erschrockenen Erben werden keinen weiteren Lokalbesuch erlauben.)

Sie und ich werden aller Voraussicht nach enden als ein Häufchen – na Sie wissen schon. Am Ende werden um fünf Uhr ein paar Leute ums schlammige Grab stehen und heulend Blumen reinwerfen. Aber schon um sechs Uhr beginnt das Vergessen. Das war's dann also mit diesem Leben.

Und trotzdem: Die meisten Menschen träumen von einem erfüllten Dasein. Sie meinen damit ein Leben, das befriedigend und „schön" ist und vielleicht sogar irgendwie positive Spuren hinterlässt. (Und wer nicht mal mehr davon träumt, ist eigentlich jetzt schon ein Häufchen – na Sie wissen schon was.)

2
Mein Outing

Ich bin ganz ehrlich: Ich will so ein Leben, das voller Freude, Sinn und körperlich-geistig-seelischer Spannung und Befriedigung ist. Das will ich ab heute für immer haben, ohne Ende, immer mehr, für alle Zeiten. Ich wünsche mir zugleich tiefe Gelassenheit, inneren Frieden und eine Stärke, die nicht von mir und meinen Möglichkeiten abhängt. Ein Glück, das unabhängig davon ist, was andere Menschen tun oder lassen – einfach, weil es sich aus einer völlig unabhängigen Quelle speist. Ein souveränes Glück, eine überlegene Heiterkeit, ein entspanntes Stehen über den Dingen und zugleich mittendrin sein im prallen Leben. Ich begehre etwas in meinem Leben, das so stark und so positiv und so sicher ist, dass ich alles andere von dort her ertragen oder sogar genießen kann. Und ich will eine Perspektive, die mehr ist als ein Grab. Ich weigere mich, auf den Friedhof hinzusteuern. Ich weigere mich, zu resignieren.

Wenn Sie das auch so empfinden: Dann empfehle ich die Arbeitshypothese, die Grundannahme von vorhin: Gott lebt, er ist super im Überfluss. Und weil er so ist, will er Ihnen genau so ein Leben schenken. Lassen Sie keinen Pfarrer, keinen Wissenschaftler, keinen Philosophen, keinen Guru Ihnen etwas anderes erzählen. Die meisten davon sind selber im Privatleben völlig ratlos, was echtes Glück betrifft. Sie hätten es selber gerne. Aber auch sie wissen nicht wirklich, woher es kommen soll. Und keiner gibt das gerne zu, eh klar.

Auf Basis der Arbeitshypothese darum der dringende Rat: Suchen Sie Ihr tiefstes Lebensglück nicht in Reisen, Autos oder Sport. Nicht in Immobilien, Beziehungen und Befriedigungen. Nicht in gekochten (Wild)tieren oder Pflanzen, auch nicht in ungekochten (Haus)tieren oder ehrenamtlichen Aufgaben, und keinesfalls in Religion und Philosophie. Nichts gegen all das, im Gegenteil; aber wenn sie es nur könnten, würden Milliarden Tote auferstehen, um Ihnen brüllend davon abzuraten, an diesen Stellen das wahre, dauerhafte Glück zu suchen. Sie alle haben es dort nicht gefunden. *(Fantasie-Challenge #1: Versuchen Sie mal zehn Sekunden lang diesen Chor der Milliarden von enttäuschten, betrogenen Menschen zu hören, die ihr Lebensglück dort vermutet haben und es dort – natürlich – nicht bekommen haben. Wollen Sie da echt dazugehören? Ihre Sache, aber wieso wollen Sie das?)*

Und angenommen es gibt dieses Lebensglück, diese persönliche Befriedigung, diese Fülle, diese individuelle Freude und Souveränität tatsächlich, nur irgendwo anders; so gebündelt, so kompakt, so selbstverständlich und mühelos, dass Sie künftig auf Lottogewinner und Yachtbesitzer mitleidig hinunterschauen? Und angenommen, es ist eine Person, die Ihnen diese Befriedigung geben kann, einfach so, aus ihrem eigenen Überfluss heraus? Und angenommen, es gibt Millionen Menschen, die jahrelang, jahrzehntelang auf Dauer erlebt haben, wie gut sich das anfühlt, die Freundschaft mit dieser Überfluss-Person? Wäre das nicht zumindest einen Versuch wert, das auch zu probieren, weil's ja offenbar nicht schaden kann? *(Fantasie-Challenge #2: Versuchen Sie mal zehn Sekunden lang diesen Chor der Millionen von ganz normalen Menschen zu hören, die ihr individuelles Lebensglück von dieser Überfluss-Person gratis und mühelos beziehen. (Ja, diese Menschen gibt es. Und ja, das wahre Glück gibt's gratis und mühelos.) Wollen Sie da echt nicht dazugehören? Ihre Sache, aber wieso eigentlich nicht?)*

Jetzt nochmals die Arbeitshypothese, die noch immer lautet: Gott lebt, und er ist einfach super. Das heißt, er ist diese Überfluss-Person. Wäre es nicht einen Versuch wert, mit ihm in Kontakt zu treten? Sie brauchen dazu seine Mailadresse nicht, Sie müssen keine Antragsformulare ausfüllen, und Sie müssen keinerlei Rituale oder Beschwörungsformeln lernen. Sie brauchen keiner Kirche beizutreten. Denn der Zugang, die Begegnung mit diesem Überfluss-Wesen muss viel einfacher sein. Zumindest wenn er sich an die Bibel hält, aber das wäre doch irgendwie naheliegend: Weil nirgendwo sonst tritt uns dieses Wesen so objektiv, so unabhängig von unseren Gefühlen und Ansichten, entgegen.

3
Einsteigen ist einfach

Dem super Überfluss-Wesen, dem lebendigen Gott zu begegnen ist völlig einfach. Es ist so einfach wie einen Apfel vom nächsten Baum zu pflücken (wenn es sich um einen Apfelbaum handelt; sonst zugegebenermaßen harte Challenge und vielleicht schlechter Vergleich). Es ist so leicht, wie auf eine Rolltreppe zu steigen, um ins nächste Stockwerk rauf zu wechseln. Es ist so simpel wie ein Glas Wasser zu trinken, wenn man Durst hat.

- *Der Apfel*: Der Apfelbaum ist da, der Apfel ist da. Sie haben nichts dazu beigetragen. Sie müssen den Apfel nur haben wollen, zum Baum hingehen und pflücken. Gott ist da, Sie haben ebenfalls nichts dazu beigetragen. Sie müssen ihn nur „haben" wollen, zu ihm hingehen und ihn sozusagen pflücken.

- *Die Rolltreppe*: Die Rolltreppe fährt von selbst, es kostet Sie nur einen Schritt, um aufzusteigen, und dann geht's aufwärts. Auch die Begegnung mit Gott kostet nur einen Schritt, und dann geht's … naja aufwärts eben.

- *Das Glas Wasser*: Sie haben Durst, also füllen Sie ein Glas mit Wasser und trinken es aus. Es ist völlig selbstverständlich, völlig alltäglich, völlig mühelos – aber sehr gesund, sehr sinnvoll, sehr wohltuend.

Sie verstehen das Prinzip: Es geht um einfache, alltägliche Tätigkeiten, über die wir nicht mehr nachdenken müssen. Sie erfordern einen winzigen Beitrag unsererseits. Dann können wir das Ganze genießen, was jemand anderer vorbereitet hat. Äpfel pflücken braucht keine Rituale und Zauberei. Rolltreppefahren verlangt keine stundenlange Besinnung und Vorbereitung. Trinken setzt keine jahrelange Schulung und Übung voraus.

Und genauso ist die Begegnung mit Gott auf Basis unserer Arbeitshypothese: Er existiert und ist super – und das heißt, dass er auch in seiner Einfachheit und Zugänglichkeit super (oder mit einem anderen Wort: vollkommen) ist. Zu ihm hintreten und ihn „pflücken" muss vollkommen einfach sein – wie einen Apfel pflücken. Bei ihm einsteigen und hochfahren muss total simpel sein – wie auf eine Rolltreppe steigen. Ihm begegnen kann nur absolut leicht sein – so wie man einem Glas Wasser „begegnet", wenn man Durst hat.

Die Voraussetzung für diese Begegnung ist einfach nur Ihre vorläufige Zustimmung zur Arbeitshypothese: Davon ausgehen (das heißt: einfach mal glauben), dass es Gott gibt, und dass er super ist. In der Bibel steht das ganz ähnlich: „Wer zu Gott kommen will, muss darauf vertrauen, dass es ihn gibt und dass er alle belohnen wird, die ihn suchen."

Zeit mit inspirierenden Menschen verbringen tut gut. Zeit mit einem Super-Gott verbringen muss noch besser tun.

Bleibt nur die Frage: Wenn es wirklich so einfach ist – wie geht das denn? Wenn man montags um 10.17 beschließt „Ich probiers jetzt einfach mal, Gott zu begegnen" – was tut man dann ganz konkret um 10.18?

Auch aussteigen ist einfach

Wenn Sie bis hierher tapfer oder zähneknirschend durchgehalten haben: Gratulation!

Aber auch: Achtung! Denn jetzt beginnt der praktische Teil. Jetzt wird nicht mehr ständig auf die Annahme vom Anfang hingewiesen. Ab jetzt wird sie als Realität und Tatsache vorausgesetzt. Das Ziel ist „Glücklich leben", der Weg dorthin ist „Die Begegnung mit dem lebendigen Gott."

Wenn Sie das nicht wollen: Tschüs, ciao, ade. Wenn Sie an den bisher gelesenen Gedanken gelitten haben, ersparen Sie sich weiteres Leid und steigen Sie aus. Denn es wird ab hier nur schlimmer.

4
Der richtige Ort

Stellen Sie sich vor, Sie machen eine Weltreise mit Ihrem heiß geliebten Lebenspartner. Sie sind einfach immer zusammen, Tag und Nacht. Island, New York und Zähneputzen – alles gemeinsam. Aber trotzdem würden Sie nicht alles wahllos an jedem Ort zusammen machen: Zähneputzen geht natürlich überall, aber es gibt dafür mehr oder weniger gut geeignete Orte. Ein Candlelight-Dinner ist auch auf einer Müllhalde durchführbar, doch bessere Alternativen wären vorhanden. Ein erotischer Abend im gut ausgeleuchteten Schaufenster von Ikea in Stockholm – nun ja. Geschmackssache. Aber das muss doch irgendwo anders noch schöner sein.

Auch die Begegnung mit Gott, dem Überfluss-Wesen, geht grundsätzlich überall, denn er ist überall anwesend. Aber es gibt bessere und weniger gute Rahmenbedingungen. Klar: Wenn Sie in einem nordkoreanischen Arbeitslager stecken, haben Sie nicht viel Auswahl. (Die Menschen, die dort leben müssen, legen nicht viel Wert auf den Rahmen – die saugen Gott unabhängig davon auf.) Aber hier und heute: Es geht Ihnen zumindest so gut, dass Sie dieses Buch lesen können. Also haben Sie auch die Wahl, wo Sie Gott begegnen wollen.

Die Bibel empfiehlt dazu: *„Ziehen Sie sich in ein Zimmer zurück, machen Sie die Tür zu, und Gott wird Ihnen in diesem Rückzug begegnen."* Damit ist wirklich das ganz konkrete sichtbare Zimmer gemeint, über das Sie (hoffentlich) frei verfügen können. Jedenfalls aber ist damit das ebenso konkrete unsichtbare Zimmer gemeint, über das Sie (jedenfalls) frei verfügen können. Denn in Ihrem Inneren gibt es einen Raum, zu dem nur Sie Zutritt haben. Dort kann niemand rein. Niemand außer Ihnen weiß, was in diesem inneren Raum vor sich geht und wie man da reinkommt. Dort sind Sie ganz allein mit Ihren wahren Gedanken. Dort sind Sie ganz Sie selbst. Dort, in unserem innersten Raum, sind Sie und ich am verletzlichsten. Und zugleich sind wir dort vielleicht am schönsten und reinsten – weil wir dort am ehrlichsten sind. Klar: Wo keiner hinsieht, muss ich mich nicht mehr irgendwie verstellen. Dort fallen alle Masken und Ambitionen, dort ist die Seele so nackt wie ein Baby bei der Geburt. Nie sind wir schöner als in solchen nackten Augenblicken.

Good news: Dieser Raum bleibt Ihnen auf Dauer erhalten. Jeden äußeren Raum kann man verlieren – durch Übersiedlung, Erdbeben, Krankheit, Verhaftung, Privatkonkurs, Delogierung und Vieles mehr. Den inneren Raum kann Ihnen niemand nehmen. Dort können Sie ganz ehrlich, ganz Sie selbst sein. Dieser Raum ist Ihr unzerstörbares Eigentum. Selbst wenn Körper und Geist schwach, verstümmelt oder kaum mehr lebensfähig sind, bleibt dieser Innenraum intakt. Selbst wenn Sie die liebsten Menschen, Ihre Heimat und die Gesundheit verlieren: Der innere Raum bleibt. Dieses Wertvollste, Kostbarste – diesen inneren Begegnungsraum mit Gott kann Ihnen kein Mensch und kein Umstand rauben. Alles andere wird früher oder später aus Ihrem Leben abfallen wie Laub im Herbst. Aber dieser Innenraum bleibt.

Und genau in diesem inneren Zimmer, in Ihrem ehrlichsten Sie-Selbst-Sein: Dort will Gott Ihnen begegnen, wenn Sie das auch wollen. Denn in diesen Raum kommt außer Ihnen nur, wen Sie einladen und einlassen.

Es ist wie beim Trinken: Zum Trinken muss man einfach nur da sein und den Mund aufmachen. Dann kommt rein, was vorher draußen war. Damit nun Gottes Überfluss reinkommt, müssen Sie ihm die Tür zu Ihrem inneren Zimmer aufmachen. Jedes Mal, wenn Sie ihm begegnen wollen. Er könnte die Tür aufbrechen, er könnte durch die Wand gehen, er könnte Sie von innen aufsprengen und sich breitmachen: Aber das tut er nicht. Er wartet auf Ihre Einladung. Er wartet, dass Sie aufsperren. Die Begegnung mit Gott in diesem inneren Zimmer geschieht, wann immer Sie wollen, ganz einfach (Apfel pflücken! Rolltreppe betreten! Wasser trinken!). Sperren Sie ihm Ihr innerstes Zimmer auf, und Gott tritt ein.

Und dann? Was passiert dann? Himmlische Chöre, Trompetenschall, eine Donnerstimme oder pulsierende Wellen kosmischer Energie?

Nö. Jetzt passiert mal gar nichts. Und das ist auch sehr gut so.

5
Schweigen ist Gold

Die Qualität jeder tieferen Beziehung misst sich daran, ob sich die Partner (noch) etwas zu sagen haben. Aber sie misst sich ebenso daran, ob die Partner auch gemeinsam genussvoll schweigen können. Reden ist gut; erholsame stille Pausen sind noch besser. Wie eben das Sprichwort sagt: Reden ist Silber, Schweigen ist Gold.

Schweigen und Stille stellen sich manchmal ohnehin von selbst ein: Etwa beim Anblick von etwas Wunderschönem, was einen tatsächlich sprachlos machen kann. Denken Sie an Eltern, die ihr soeben geborenes Baby zu ersten Mal sehen. Oder man steht nach einer Gipfel-Wanderung vor einem atemberaubenden Panorama-Blick; man sieht im städtischen Aquarium zum ersten Mal einen Rotfeuerfisch; man beobachtet, wie ein Kind ein anderes tröstet, weil dem das Vanilleeis runtergefallen ist. Alles wunderbare Anblicke, die einem die Stimme rauben können. Manchmal ist man auch still, weil man gespannt wartet: Auf eine Antwort am Telefon. Auf eine Auskunft, die nicht sofort kommt. Auf eine Durchsage im Wartezimmer beim Arzt, dass man endlich als nächster dran ist. Da ist Schweigen wirklich sinnvoll, sonst überhört man noch den Aufruf und kann sich wieder hinten anstellen.

Wer sich aufmacht, dem lebendigen, super Überfluss-Gott zu begegnen, wird vielleicht eine ähnliche Erfahrung machen: Man weiß am Anfang mal gar nicht, was man sagen oder denken soll. Man fühlt sich blank, leer, neutral. Es sind in Wahrheit herrliche Momente. Das Alltagsgetöse lässt etwas nach – außen und im eigenen Inneren. Profis nennen das „Ankommen".

Also: Wenn Sie um 10.17 beschließen, Gott begegnen zu wollen, dann sagen Sie um 10.18 mal gar nichts. Steigen Sie in Gedanken still und heiter auf eine unsichtbare Rolltreppe, und lassen Sie sich in aller Ruhe hochfahren.

Schweigen Sie einfach, es geht ganz leicht: Man muss nur die Lippen schließen und durch die Nase ausatmen. Schon haben Sie geschwiegen, bravo. Nun sind Sie um eine wertvolle Erfahrung reicher: Stille ist leicht möglich. Aber auch schwierig: Denn nach einiger Zeit – rechnen Sie mit 15 bis 20 Sekunden –

werden Sie merken, wie die Gedanken abschweifen. Sie wollen Gott begegnen, aber Ihr Hirn denkt an den Installateurtermin am Nachmittag. An die Einkaufsliste für morgen. An den Sommerurlaub, den Sie so dringend nötig haben. Schon ist es 10.19, und Sie sind Gott noch kein bisschen begegnet und wollen es sein lassen. Es geht ja anscheinend doch nicht.

Ich bitte Sie: Bleiben Sie dran. Sie schaffen das mit der Gottesbegegnung. Denn Ihre Existenz besteht aus Rand und Zentrum. Schieben Sie alle Gedanken – die sicher völlig berechtigt sind – einfach an den Rand. Stellen Sie sich vor, wie Sie den Installateur, die Einkaufsliste und den Urlaub mit einer sanften Handbewegung an den Rand Ihres Denkens wischen. Nicht völlig auslöschen, sondern nur an den Rand schieben, damit das Zentrum wieder frei ist. Die Ablenkungen wollen natürlich wieder zurück ins Zentrum, aber Sie wischen sie wieder an den Rand. In das Zentrum Ihres Denkens stellen Sie immer wieder den Wunsch, dem lebendigen, super Überfluss-Gott zu begegnen. Sie befehlen Ihrem Denken, womit es sich beschäftigen darf. Nicht umgekehrt. Sie sind Herr bzw. Herrin im Haus. Lassen Sie sich von Ihren Gedanken nicht entmachten.

Nun ist es 10.20. Höchste Zeit, Ihren Körper wahrzunehmen. Das gefällt Gott, denn er hat Ihren Körper geschaffen und liebt ihn. Er ist Sitz Ihrer Person und enorm wichtig. Nehmen Sie Ihren Atem wahr. Nehmen Sie die nachlassende Spannung in Ihren Fingern, Armen, Beinen wahr. Je nach Körperposition werden bestimmte Muskelgruppen entspannt. Nehmen Sie wahr, wie Ihre Haut mit Kleidung und Luft (je nach Körperstelle) in Kontakt steht. Spüren Sie sich: Herrlich. Ja, Sie sind mal auf die Welt gekommen – um zu bleiben! Sie sind immer noch da! Wunderbar. Genießen Sie Ihr Existieren, die bloße Tatsache: Es gibt mich tatsächlich. Ich bin vorhanden. Denn das ist gar nicht selbstverständlich. Es wäre viel wahrscheinlicher, dass es Sie nicht gibt. Es gibt so viele theoretisch denkbare Menschen nicht. Wie großartig, dass es ausgerechnet Sie gibt! Genießen Sie ausgiebig die grundlegendste Wahrheit über sich selbst: Es gibt Sie. Sie sind da. (Gott liebt solche Gedanken. Und er liebt jeden, der sie denkt.)

Nehmen Sie bewusst wahr, was Sie da gerade Großartiges tun: Sie haben Ihren Körper und Ihr Denken gezielt in die Stille und die Einsamkeit zurückgezogen, um möglicherweise dem Überfluss-Wesen Gott zu begegnen. Und Sie genießen Ihr Dasein, Ihr Leben. Sie sind nun ganz bei sich. Sie schieben alles andere bewusst an den Rand Ihres Denkens. Im Zentrum steht nun die nicht auszuschließende Begegnung mit dem Überfluss-Lebewesen Gott.

Erwarten Sie auch jetzt nicht, dass Gott in Ihre Stille etwas Göttliches hineinposaunt. Er wird schweigen, denn Stille ist ein Genuss für beide Partner. Und wenn Sie auf die Uhr schauen wollen, ob Sie schon ausreichend Minuten Stille geschafft haben und eigentlich schon zur Ruhe gekommen sein müssten: Tun Sie es nicht. Ihre Uhr hat keine Ahnung.

Zur Ruhe gekommen sind Sie dann, wenn Sie nicht mehr danach fragen, ob Sie etwa schon zur Ruhe gekommen sind. Sie merken dann, dass Sie immer weniger Gedanken an den Rand schieben müssen. Der Atem wird langsamer und tiefer. Eine gewisse Art von Frieden meldet sich als freundliches Angebot in Ihrem Inneren. Greifen Sie zu! Genießen Sie den Zustand wachsender Ruhe. Versuchen Sie nicht, irgendetwas zu erspüren. Versuchen Sie nicht, von sich aus Gott im Körper oder gar mit den Augen wahrzunehmen. Bleiben Sie vernünftig und Sie selbst. Aber stellen Sie den Wunsch, Gott zu begegnen, immer wieder in das Zentrum Ihrer Gedanken. Schweigen Sie weiter.

Schweigen ist mehr als bloß „nichts sagen". Es ist ein freundlicher, aktiver, bewusster Rückzug. Sie nehmen sich mal gezielt heraus aus dem ständigen Gerede rund um Sie herum und in Ihnen selbst. Sie entziehen sich dem Zwang, etwas äußern zu müssen, denn Sie richten sich nach innen. Selbst wenn Sie von Natur aus wenig reden, ist ein ganz gezieltes Schweigen in der Begegnung mit Gott von einer anderen Qualität. Wer aktiv schweigt, kann auch nichts Falsches sagen und muss nicht aufpassen – das entlastet. Beim Schweigen werden die Ohren immer empfindsamer, auch die inneren Ohren. Man hört mit der Zeit mehr. Und nur wer schweigt, kann wirklich zuhören. Schweigen ist ein Power-Nap für die Seele.

Vielleicht kommen Sie sich trotzdem etwas seltsam vor und fragen sich: Was mach ich da eigentlich? Wie würde das wohl auf …………….. (einfach irgendeine besonders kritische Person aus Ihrem Umfeld einsetzen) wirken, wenn er/sie mich jetzt sehen könnte? Dann erinnern Sie sich an Ihr Vorhaben, Gott zu begegnen – das hat nun absoluten Vorrang. Die oben eingesetzte Person ist jetzt nicht da. Kein Mensch sieht Sie. Niemand wird jemals erfahren, was Sie da tun. Sie sind ganz bei sich.

Es könnte natürlich sein, dass immerhin Gott Sie sieht. Beunruhigt Sie das? Aber Sie wollten ja Gott begegnen. Also sieht er Sie auch. Gehen Sie einfach davon aus. Er ist nämlich schon da. In Ihrem äußeren Zimmer – und er steht vor Ihrem inneren Zimmer.

6
Die Einladung

Sie sind also jetzt angekommen in Ihrem inneren Zimmer, in diesem innersten Raum Ihrer Existenz. Wo nur Sie hineinkönnen und wen Sie sonst noch reinlassen. Wo Sie ganz Sie selbst sind. Wo Sie am ehrlichsten, am schönsten sind. Genießen Sie den Moment und den bewussten Aufenthalt an diesem inneren Rückzugsort. Manche Menschen malen sich diesen innersten Ort als wunderschönen Garten aus, andere als strahlenden Palast oder als eine dämmrige Waldlichtung. Im Detail nicht so wichtig. Finden Sie gerne Ihr eigenes Bild, aber vergessen Sie nicht – es ist nur ein Bild von etwas in Wahrheit noch viel Schönerem.

Vielleicht denken Sie jetzt beim Lesen: „So ein Unfug von wegen Garten, Palast, Waldlichtung, innerer Raum! In meinem Innersten ist kein solcher Raum. In meinem Innersten sind nur Organe, Röhren und verschiedene Arten von Schleim. Ich bin viel zu rational und vernünftig für solches Gefühlsgedünste."

OK. Dann stellen Sie sich bitte kurz Folgendes ganz intensiv vor: In der Schulpause sprechen zwei Kinder über ihre Jause – ein Kind hat eine Jause, das andere Kind hat keine. Da sagt das Kind mit der Jause zu dem Kind ohne Jause: „Ich hab heute ganz viel Hunger, aber da – ich geb dir meine Jause, du sollst nicht hungrig sein. Und da hast du noch ein Stück Schokolade dazu."

Wenn Sie bei dieser vorgestellten Szene irgendetwas Positives verspüren, dann spüren Sie das in Ihrem inneren Raum: Denn dort klingt in Ihnen die Empfindung für das Schöne im Leben, für Ihre Ahnung von Großzügigkeit, von Gut-Sein, vom wahren Leben.

Die Geschichte geht aber noch weiter: Das hungrige Kind nimmt die geschenkte Jause und die Schokolade, wirft sie in den Mülleimer und sagt: „Das esse ich nicht, denn ich will nicht so dick und hässlich werden wie du."

Wenn Sie diese Wendung schmerzt, dann schmerzt sie in Ihrem inneren Raum. Es schmerzt dort, wo Sie empfinden: Liebe kann enttäuscht werden, und diese Enttäuschung ist bitter. Undankbarkeit ist ekelhaft, Boshaftigkeit tötet, Kinder sollen irgendwie rein sein, Menschen sollten so nicht miteinander umgehen – und tun es leider doch.

Sehen Sie, Sie haben einen solchen inneren Raum, ich wusste es. (Wenn Sie weder das erste freut noch das zweite schmerzt, dann ist Ihr innerer Raum vielleicht zugemüllt. Tipp: Aufräumen.)

Wenn Sie immer noch skeptisch sind, dann fragen Sie sich mal ganz ehrlich: Was will ich eigentlich wirklich? Will ich, dass es in mir diesen inneren wunderschönen Ort gibt – egal wie er nun aussieht?

Oder will ich diesen Ort gar nicht? Es gibt ihn auf jeden Fall, egal ob Sie dran glauben. In Ihrem Körper und Geist sind zahllose Abläufe und Zusammenhänge, die Sie nicht mal ahnen – und die funktionieren trotzdem. Also: Sie haben einen inneren Begegnungsraum. Es liegt ganz an Ihnen, ob Sie ihn auch aufsuchen. Ich verspreche Ihnen: Sie kommen dort zur Ruhe. Sie kommen dort zu sich selbst. Sie kommen dort zu Gott. Warum sollten Sie darauf verzichten? Es gibt nichts Besseres. Also weiter.

Sie sind jetzt also alleine mit sich selbst und erleben etwas vom Schönsten, was es gibt: Den Rückzug in die eigene, innere Ruhe und die Freude am Dasein. Je nach Vorstellung spazieren Sie durch Ihren inneren Garten, ruhen in Ihrem inneren Palast, picknicken auf Ihrer inneren Waldlichtung oder sitzen ganz hinten im Innersten eines endlos langen, hellen Schneckenhauses. Finden Sie gern Ihr eigenes Bild.

Jedenfalls: Genau dort, an diesem stillen, intimen Ort will Gott Ihnen begegnen. In Ihnen selbst drinnen. Kein Dom, keine Stelle in der sichtbaren Natur, kein Heiligtum kann einen so kostbaren Rahmen bieten wie Ihr innerster Raum. Nirgendwo sind Sie so unverstellt und echt wie dort. Und nirgendwo ist die Begegnung mit Gott so möglich wie dort, so zart, so persönlich, so unmittelbar.

Gott würdigt die Empfindlichkeit und Kostbarkeit Ihrer Person und Ihres inneren Raumes. Darum tritt er erst ein, wenn Sie es erlauben. Es ist wie beim Trinken: Den Mund müssen Sie schon selber aufmachen. Dann fließt es rein. Genauso liegt es an Ihnen, ob Sie an Ihrem Rückzugsort Gott die Türe öffnen oder nicht. Es ist Ihre Einladung, Ihre Einwilligung, auf die es ankommt. Erinnern Sie sich: Es ist so einfach wie einen Apfel pflücken, wie eine Rolltreppe besteigen oder eben wie ein Glas Wasser trinken. Einfach – aber nicht automatisch.

Dass Gott nun da ist, direkt bei Ihnen – das fordert zunächst mal Ihren Glauben. Und ja, irgendwie ist das sehr irrational und abseits unserer normalen Alltags-Regeln. Andererseits: Sie und ich glauben so Vieles, da kann dieses Kunststück jetzt auch nicht so schwer fallen. Glauben heißt ja nur, sich vorläufig auf eine Annahme einzulassen, bis die Wahrheit klar ist. Bei jedem Atemzug gehen Sie gläubig davon aus, dass es nicht der letzte sein wird. Jedem Sessel, auf den Sie sich setzen, glauben Sie, dass er stark genug ist, Sie zu tragen. Jeder Bissen, jeder Schluck ist nur im Glauben möglich, dass niemand etwas Fieses reingemixt hat, weder zuhause noch im Restaurant. Davon gehen Sie einfach aus. Jede Fahrt mit der U-Bahn ist nur im Glauben erträglich, dass niemand Sie auf die Gleise stoßen wird und dass Sie ohne Zwischenfälle ankommen werden. Sie wissen: Es könnte theoretisch auch anders sein, heute, dieses Mal – aber Sie glauben daran, dass es diesmal doch gut gehen wird. Sie wollen und müssen einfach so Vieles glauben, denn sonst wird das Leben sehr mühsam. Gute Erfahrungen bekräftigen dann Ihren vorläufigen Glauben und machen ihn immer fester und selbstverständlicher.

Glauben Sie also einfach mal, dass es zu dieser Begegnung mit Gott in Ihrem Inneren kommen wird. Sie öffnen Ihre innere Tür. Halten Sie sie einfach mal offen. Stellen Sie sich gerne bildlich vor, wie Sie die Tür aufmachen. Und weil Sie ein Mensch sind, könnten Sie nun etwas sagen – in Gedanken oder laut. Menschen können das ja.

Versuchen Sie einmal, aus der Stille heraus Kontakt mit Gott aufzunehmen, auch wenn es Ihnen merkwürdig vorkommt, etwas zu sagen, wenn niemand sichtbar anwesend ist. (In Wahrheit nicht so schwierig, weil beim Telefonieren tun Sie genau das ja auch ohne jedes Bedenken.) Formulieren Sie in einem einfachen Satz, dass Sie diesem Überfluss-Lebewesen begegnen wollen und ihn einlassen in Ihren inneren Raum. Sie müssen dazu keine Dogmen für wahr halten, Sie müssen nichts Besonderes über Gott wissen oder glauben. Es reicht die ernsthafte Grundannahme, dass Gott lebt und dass er super ist. Auf dieser Basis wird Gott Ihre Einladung annehmen und eintreten.

Wieso das zum glücklichen Leben beitragen wird? Die meisten Menschen wollen ihr Bestes mit irgend

jemand teilen, der sich auch wirklich dafür inter-
essiert: Kleine Kinder zeigen ihre ersten Zeichnungen
den Eltern, Jugendliche ihre Lieblingsmusik ihren
Freunden, Verliebte teilen ihre intimsten Gefühle mit
ihrem Liebespartner, Eltern geben ihre Erfahrung
ihren Kindern weiter, Großeltern möchten ihre
Weisheit ihren Enkeln zukommen lassen. Sie alle
wissen: Dort wird mein Bestes geschätzt. Und das
macht glücklich, wenn es angenommen und
gemeinsam erlebt wird.

Das Schönste und Beste, was Sie zum Teilen
haben, ist Ihr geheimer, wunderbarer Innenraum.
Und das Wesen, das sich am meisten dafür inter-
essiert, ist Gott. Ihn hineinzubitten macht darum
schon glücklich, noch bevor dort irgendetwas
geschieht.

7
Richtig suchen, richtig finden

Die nächste naheliegende Frage: Woran merke ich, dass Gott meine Einladung angenommen hat? Dass er nun „da" ist, dass er in meinen inneren Raum eingetreten ist? Wo ist der Beweis?

Gegenfrage: Woran würden Sie es denn gerne merken? Was stellen Sie sich denn ganz konkret vor als „Beweis"? Sollen Ihre Beine von selber zu tanzen beginnen? Wollen Sie französische Kosenamen hören? Soll Gott Ihnen den Rücken massieren und Ihnen Nougatpralinen in die Hände zaubern? Soll plötzlich das Smartphone vibrieren, und Sie finden eine Chatnachricht vor wie „Ich bin jetzt da. LG Gott"?

Ganz im Ernst, und überlegen Sie mal ehrlich: Wäre nicht jeder äußerliche „Beweis", der wirklich von Gott kommt, so (er)schlagend, dass ein Weiterleben wie vorher eigentlich unmöglich wäre – also z.B. ein Donnern in Ihrem Zimmer, eine plötzliche blendende Lichterscheinung, ein mittleres Erdbeben oder was auch immer Ihre Fantasie sich ausmalt? Wollen Sie das *wirklich*?

Gedankenexperiment: Sie nehmen eine Dose Coca Cola und sagen zu Gott, er möge sie bitte verdoppeln als Beweis seiner Gegenwart. Sie machen einen Moment lang die Augen zu. Als Sie sie wieder öffnen, stehen tatsächlich zwei Dosen da. Wenn Sie ungefähr ahnen, was das bedeutet und mit welcher Macht Sie es da offensichtlich zu tun haben – dann müssten Sie eigentlich vor Schrecken irre werden in diesem Moment. Seien Sie dankbar, dass Gott Ihnen solche „Beweise" erspart.

Gott gibt keine solchen Beweise. Das wäre unter seiner Würde. Es wäre auch unter Ihrer Würde: Denn jeder Beweis erzwingt Zustimmung, und Gott mag niemanden zwingen. Sondern er gibt etwas viel Besseres: Er gibt Gewissheit. Beweise knechten. Gewissheit macht frei. Beweise sind äußerlich und daher erschlagend oder zweifelhaft. Gewissheit ist innerlich und darum wohltuend und unantastbar. Gott gibt eine innere Sicherheit, die nicht von Ihnen oder den Umständen abhängt. Aber Sie können eine Menge dazu beitragen, diese Sicherheit zu finden. Nämlich danach suchen, aber richtig.

Und das geht so:

Mal angenommen, Sie haben Ihren Schlüssel irgendwo in Ihrer Wohnung verlegt und wollen ihn jetzt suchen. Wie machen Sie das? Sie stellen sich kurz den Schlüssel ungefähr vor, so wie Sie ihn in Erinnerung haben. Dann schauen Sie überall nach, ob Sie etwas finden, was so aussieht wie dieses gedachte Schlüssel-Bild. Dieses Bild wird nicht sehr detailreich sein: Ihr Denken nimmt eine allgemeine Vorstellung, die dem gesuchten Schlüssel in wichtigen Eigenschaften nahekommt (alter oder moderner

Schlüssel, neu oder rostig, mit oder ohne Schlüssel-band etc.). Aber in Ihrer Vorstellung sehen Sie doch ganz eindeutig einen Schlüssel: kein Buch, kein Fahrrad, und auch keine Gurke.

Beim Suchen richten Sie dann ganz gezielt Ihre Aufmerksamkeit auf das gesuchte und in Gedanken vorgestellte Ding. Sie stellen sich das vor, was Sie suchen. Dann suchen Sie genau nach diesem und nach nichts anderem. Und wenn Sie es finden, dann hat Sie Ihre Vorstellung zusammen mit der aktiven Suche dorthin gebracht, dass Sie gefunden haben, was ohnehin die ganze Zeit da war. Sie haben Ihren Schlüssel nur vorübergehend nicht sehen können, weil er irgendwie verborgen war, für Ihre Augen unsichtbar. Er war da, aber andere Dinge haben ihn verdeckt und überlagert. Trotzdem haben Sie Ihren gedachten Schlüssel innerlich gesehen, an ihn „geglaubt", und Sie sind davon ausgegangen: Es gibt diesen Schlüssel, und ich weiß, wie er in etwa aussieht. Darum ist es sinnvoll ihn zu suchen – das war sozu-sagen Ihre Arbeitshypothese. Sie sind davon ausge-gangen: Er muss einfach da sein. Ich will ihn finden! Darum ist die Suche sinnvoll, und darum werde ich ihn finden. Und weil er wirklich da war, haben Sie ihn auch tatsächlich gefunden. Sie mussten ihn finden, es konnte gar nicht anders kommen.

Oder denken Sie an den Zusammenbau eines Ikea-Möbels: Oft glaubt man ja, dass in der Möbel-Packung eine ganz bestimmte Schraube fehlt. Aber bevor man sich beim Kundendienst beschwert, sucht man lieber noch ein letztes Mal genau. Sie sehen nochmals in der Anleitung nach, wie die ganz bestimmte Schraube nun aussieht – denn meistens gibt es da viele ähnliche Schrauben. Sie versuchen sich die Eigenschaften der gesuchten Schraube zu merken (lang/kurz, dick/dünn etc.). Sie konzentrieren sich und nehmen die Anleitung und den Umriss der Schraube ganz ernst. Dann suchen Sie im Schraubenhaufen nach der ganz bestimmten Schraube anhand des Bildes, das Sie sich mithilfe der Anleitung von der ganz bestimmten Schraube gemacht haben. Sie stellen sich die Schraube vor – und dann halten Sie sie in der Hand. Denn die Schraube war in Wahrheit da. Jetzt können Sie Ihr Pax- oder Billy-Regal fertigbauen.

Der wesentliche Punkt dabei ist: Sie entscheiden sich zu glauben, dass da etwas ist. Die wichtigsten Eigenschaften des Dings können Sie sich vorstellen. Sie können es nicht sehen, aber eine gute Vorstellung des Gesuchten leitet Sie beim Suchen. Weil Ihre Vorstellung mit der Realität ausreichend übereingestimmt hat, wurde aus Ihrer Vorstellung Realität: Sie haben die gesuchte Schraube wirklich gefunden. Natürlich, denn sie war ja immer da. Ebenso wie der vorhin gesuchte und gefundene Schlüssel.

Was hat das mit Gott und der Begegnung mit ihm zu tun? Es ist mit ihm wie in den beiden simplen

Beispielen: Sie wollen ihm begegnen, Sie haben ihn eingeladen, aber er ist für Ihre äußeren Augen verborgen. Sie müssen ihn also innen suchen. Wenn Sie nun eine gut begründete Vorstellung von ihm hätten, wie er ist, wie er handelt, wie er „aussieht" als Person, als Charakter – dann würden Sie in Ihrem inneren Raum gezielt nach einer solchen Person, einem solchen Charakter suchen. Und wenn Ihre Vorstellung von Gott gut begründet war und mit seiner Realität ausreichend übereinstimmt, werden Sie ihn dort auch tatsächlich finden: Weil er da ist.

Gott suchen ist deswegen sinnvoll, weil er wirklich da ist. Und weil es eine „Anleitung" gibt, die ein ausreichend korrektes Bild von ihm bietet. In den Texten der Bibel haben die Autoren eine vielschichtige, stimmige Beschreibung von Gott gegeben. Die Bibel ist etwas Ähnliches wie eine Ikea-Bauanleitung: Ein Weg zum Ziel, der Ihnen alle Teile und die Schritte hin zum Ziel geduldig erklärt. (Nicht nur geduldig: In den Kernaussagen ist sie sogar „dummi-sicher", deshalb wiederholt sich Vieles in der Bibel.) Sie haben klare Anhaltspunkte, wonach Sie suchen sollen, wenn Sie Gott suchen wollen. Und weil er – wie der gesuchte Schlüssel, wie die gesuchte Schraube – auch wirklich da ist, wird eine begründete Vorstellung von Gott Sie auch tatsächlich zu seiner Realität führen.

Aus Ihrer Vorstellung, wie Gott ist, wird Realität – wenn Sie Ihre Vorstellung auf seiner eigenen Beschreibung aufbauen. Das tun Sie ja auch sonst: Sie glauben der Ikea-Bauanleitung und richten sich danach. Schließlich stammt die Anleitung ja von Ikea selbst, die Ikea-Leute müssen es ja wohl am besten wissen. Und darum wissen Sie: Am Ende wird ein ganz reales Möbelstück dastehen und kein Regenmantel oder Eichhörnchen. Das Ergebnis wird der autorisierten Anleitung entsprechen – ganz so, wie Sie es sich am Anfang aufgrund der Bauanleitung vorgestellt und sozusagen erträumt haben. Und wenn Sie der Bibel glauben und sich danach richten, werden Sie in Ihrem inneren Zimmer dem Gott begegnen, der sich dort in der Bibel selbst beschreibt: Denn er ist da. Ganz so, wie Sie ihn sich aufgrund seiner eigenen Anleitung vorgestellt und vielleicht erträumt haben.

Deshalb ist die Bibel unentbehrlich für Ihre Begegnung mit Gott: Nur hier erfahren Sie, wie aussieht, wonach Sie suchen. Sie wissen ohne Bibel nicht, wie Sie sich Gott überhaupt vorstellen sollen in seinem Wesen, seinem Handeln, seinen Eigenschaften. Sie wissen natürlich, wie Sie ihn sich so aus eigenen Gedanken vorstellen und ausmalen – aber vielleicht ist er ja in Wahrheit doch ganz anders? Aus Ihren eigenen Vorstellungen über Gott wird niemals Realität werden. Wenn Sie sich Gott dagegen so vorstellen, wie er sich selber beschreibt, dann wird aus dieser Vorstellung Realität – jedes Mal, wenn Sie zu ihm kommen und die Begegnung mit ihm suchen. Das funktioniert, weil er eben genau so ist und schon vor

Ihrer Vorstellung genau so war. Wenn Sie sich Gott lieber anders vorstellen wollen – gerne, nur zu. Nur wird dann aus Ihrer Vorstellung niemals Realität werden. Denn ein Gott nach unseren Ideen existiert nicht, und so wird aus unseren eigenen Vorstellungen über „Gott" niemals Realität werden.

Stellen Sie sich Gott so vor, wie die Bibel ihn beschreibt. Suchen Sie ihn anhand dieser Beschreibung. Trauen Sie ihm all das Gute und auch das Unverständliche zu, das dort beschrieben wird. Suchen Sie in der Stille nach diesem super Überfluss-Wesen anhand seiner Eigenschaften, und Sie werden dieses Wesen in jeder Begegnung mehr finden. Aus Ihren Vorstellungen wird immer mehr spürbare Realität werden – denn Sie stellen sich Gott so vor, wie er nach eigener Beschreibung ist. Und Sie werden ihn finden, weil er tatsächlich da ist.

8
Ein Rettungsreifen

Wenn wir ein Problem haben, brauchen wir nicht irgendwas. Wir brauchen etwas, was uns wirklich hilft. Wenn Sie also ein Ikea-Regal zusammenbauen wollen, wird Ihnen weder das Telefonbuch noch Ihr Schulaufsatz zum Thema „Als ich einmal beim Möbelzusammenbauen verzweifelt bin" helfen. Sie brauchen die offizielle Anleitung. Sonst wird das nichts mit dem Regal. So weit waren wir ja schon vorhin.

Anderes Beispiel, mehr dramatisch:

Denken Sie an einen Rettungsreifen, der einem Ertrinkenden in höchster Not zugeworfen wird. Der Ertrinkende wird nicht überlegen, ob ihm der Rettungsreifen gefällt. Er wird nicht Argumente suchen, die dagegen sprechen, nach dem Rettungsreifen zu greifen. Er wird nicht warten, bis er alle Aspekte des Rettungsreifens durchschaut und verstanden hat. Er wird nicht überlegen: Was sagen die anderen Ertrinkenden? Kommt vielleicht noch etwas Besseres? Ist der Rettungsreifen überhaupt glaubwürdig? – Sondern er wird seine persönliche Überlebens-Chance erkennen, den Reifen packen, sich anklammern und glücklich erleben, wie die Todesgefahr doch noch einmal abgewendet wurde. Wenn er nicht zugreift, ändert das nichts an der Stärke und „Wahrheit" des Rettungsreifens. Wer den Rettungsreifen für altmodisch, hässlich oder unglaubwürdig hält – oder ihn gar nicht als Rettungsreifen erkennt: Der wird nicht zugreifen. Und dann wird er untergehen, während die unveränderte Kraft des Rettungsreifens eben anderen Ertrinkenden zugute kommt, die diese Bedenken nicht haben.

Vieles spricht dafür, sich die Bibel als einen solchen Rettungsreifen vorzustellen. Wir alle sind in gewisser Weise am Ertrinken. Selbst Menschen, die hier ein halbwegs angenehmes und erfülltes Leben genießen, wissen: Es hat ein Ablaufdatum. Und Sie wissen das für Ihr eigenes Leben auch, natürlich. Kann sein, dass es heute Abend endet. Kann sein, dass es noch ein paar Jahre oder Jahrzehnte geht. Kann sein, es bleibt glücklich oder wird noch besser. Kann aber auch sein, es wird schlechter und unerfreulicher. Rund um Sie sind nur Menschen, denen es genauso geht und die in der gleichen Untergangssituation leben – vielleicht dauert es noch ein paar Jahre. Aber auch ein verzögerter Untergang ist ein Untergang, und das Endergebnis ist letztlich dasselbe. Sie sind nur ein Teilchen in einer langen Abfolge von Generationen vor Ihnen und nach Ihnen, die alle die gleiche Erfahrung machen.

In diesen schleichenden Untergang, dieses ständige Ertrinken hinein ist mit der Bibel eine Zusammenstellung von Texten, Erlebnissen, Aussagen geworfen. Sie spricht von der Möglichkeit, jetzt schon glücklich zu sein und eine Erfüllung zu finden, die den Untergang des irdischen Lebens übersteht und bleibt. OK, die Bibel hat ihre Ecken und Kanten. Sie ist oft gar nicht so „schön". Sie kann stellenweise rau und sogar abstoßend sein. Sie beantwortet nicht alle Fragen, und sie verlangt einiges an Respekt, Geduld und stillem Zuhören. Aber sie hat eben wie ein Rettungsreifen die Kraft, Leben zu retten. Wer das erkennt, wird sie nicht mehr aus der Distanz kritisieren und abwarten. Sondern sie wie einen Rettungsreifen für das tödliche Existenzproblem packen, umschlingen und nie mehr loslassen, egal wieviele Nebenfragen auch offen bleiben.

Wenn Sie sich an einen guten Rettungsreifen klammern, dann spüren Sie: Er trägt. Was für eine Erleichterung in Todesangst! Was für ein Aufatmen! Noch sind Sie im Nassen, es ist weiterhin kalt und ungemütlich. Der Rettungsreifen macht das Leben nicht bequemer – er rettet es vor dem Untergang! Damit ist das Wesentliche geschehen: Sie haben zugegriffen und sind dem sicheren Tod entronnen.

Ungefähr so wirkt die Bibel an Menschen, die sich an sie und ihr Angebot klammern. Viele Fragen bleiben, und es ist weiterhin das Leben in seiner ganzen Realität und Grausamkeit zu leben. Aber man ist nicht mehr hoffnungslos und verloren. Man ist noch im Ozean, aber schon gerettet. Die Angst, die Gefahr und der Tod sind grundsätzlich erledigt. Die Frage nach dem Überleben ist beantwortet, und zwar positiv. Es gibt eine Perspektive von Hoffnung und Leben – jetzt und darüber hinaus. Das ist Sinn und Ziel der Bibel, ihr Anliegen und ihre Aussage. Sie vermittelt einen Eindruck von Gott als Überfluss-Wesen. Von seiner Liebe und seiner Vollkommenheit (das heißt dann oft „heilig"). Millionen von Menschen haben dadurch Zugang und Rettung aus Todesnot gefunden. Zu verschiedenen Zeiten, in unterschiedlichsten Kulturen, unabhängig von Bildungsgrad, Einkommen und Religiosität. Packen Sie also zu. Etwas Besseres kommt nicht.

Bauen Sie Ihre Erwartungen an Gott und an die Begegnungen mit ihm auf Aussagen der Bibel auf, zum Beispiel aus dem Johannesevangelium. Sie greifen damit nach einer Sicherheit und Freude im Leben, die einzigartig ist. Nehmen Sie die Aussagen der Bibel mit in Ihr Suchen, Ihr Ausstrecken, Ihre Zeit mit dem super Überfluss-Wesen.

9
Sich erden und sich himmeln

Sie sind also in der Stille angekommen. Sie haben durch die Bibel eine erste und immer vielschichtigere Vorstellung von Gott, weil er sich Ihnen dort von sich aus präsentiert. Sie haben die Einladung ausgesprochen, dass er Ihnen in Ihrem Inneren nahekommen kann. Sie wehren sich mutig gegen die innere Stimme, die das alles als religiöse Spinnerei, Schwachheit oder Psychozeugs verleumdet, und merken, wie diese Stimme leiser wird. Sie schieben alles, was Sie ablenkt, an den Rand Ihrer Aufmerksamkeit und wollen die Begegnung mit Gott im Zentrum haben.

Wow.

Da sind Sie echt schon weit gekommen. Weiter als sehr viele Menschen, die es auch besser haben wollen im Leben, aber leider irgendwo anders suchen. Gratulation.

Versuchen Sie doch an diesem Punkt, sich kurz zu „erden": Sie wissen schon – sich bewusst machen, wer bin ich, wo bin ich, was bin ich eigentlich wirklich? Wo sind meine Grenzen? Was ist wirklich wichtig? Überblicken Sie kurz Ihre Vergangenheit. Haha, ich weiß – das sagt sich leicht. Aber denken Sie an ein paar markante Erlebnisse zurück, Entscheidungen, Höhepunkte, Tiefpunkte, Wendepunkte. Am besten sind Erlebnisse, die Sie sich nicht erklären können.

Weil diese Rätsel erden Sie am meisten: Sie sind ein vorübergehendes Lebewesen auf dem Planeten Erde. Jetzt, hier, heute. Ihr Körper ist Realität, Ihre Gedanken sind Realität, Sie selbst sind Realität. Aber diese Realität haben Sie sich nicht selbst gegeben – ebenso wie Ihren Körper und Ihr ganzes Innenleben. Ihr Körper „weiß" das meiste zum Überleben von selbst, ohne darüber von Ihnen belehrt worden zu sein. Es ist also etwas Größeres am Werk in Ihnen. Aber was? Die Antwort finden Sie nicht drinnen in sich, weil es geht ja um etwas Größeres als Sie selbst. Also können Sie das auch nicht in sich enthalten.

Darum gehen Sie nach dem „Erden" nun daran, sich zu „himmeln". Achtung, das ist jetzt was Neues für Sie. „Himmel" ist meistens keine Ortsbezeichnung, zumindest nicht in der Bibel. Sondern „Himmel" ist oft eine Qualitätsbezeichnung. Das „Vater Unser"-Gebet kennen Sie, oder? Das beginnt mit der Anrede „Unser Vater im Himmel", und viele Menschen denken dann an ein Wesen, das weit weg in irgendeinem fernen Himmel lebt und von dort herunterschaut. Und vielleicht froh ist, nicht so ganz nah bei uns zu sein. Aber genau das ist überhaupt nicht gemeint.

Wenn Sie „Himmel" als Qualitätsbezeichnung verstehen, wird es schon klarer. „Im Himmel" bedeutet in der Bibel auch „in Vollkommenheit" oder „in vollendeter Harmonie"" oder „unter ewig perfekten Rahmenbedingungen." Kein Wunder, dass Gott laut dem Vaterunser-Gebet „im Himmel" ist – denn genau so lebt er: In Vollkommenheit, in vollendeter Harmonie, unter ewig perfekten Rahmenbedingungen. Einfach himmlisch!

Und genau in dieser vollen Qualität seiner Existenz kommt Gott nun zu Ihnen in die stille Begegnung in Ihrem Inneren. In Ihrem inneren Zimmer, Garten, Palast … da treffen sich Himmel und Erde, wenn Sie Gott einlassen. Nicht weniger!

Wie können Sie sich also „himmeln"? Als Mensch haben Sie ein Bewusstsein. Ihr Bewusstsein ist eine Art ununterbrochener Gedankenstrom, der Ihr Dasein in einem inneren Gespräch reflektiert. Ihr Bewusstseinsstrom ist das ständige Denken, das andauernde innere Gespräch, mit dem Sie die Welt erfassen, bewerten und verarbeiten. Dieser Strom ist natürlich auch aktiv und wach, wenn Sie in die Begegnung mit Gott gehen. Sie können ihn nicht abstellen, er fließt weiter. Uff, klingt mühsam, passiert aber einfach von selbst und mühelos, wie Ihr Herzschlag oder Ihre Verdauung. Die hören ja auch nicht auf, wenn Sie sich zur Begegnung mit Gott aufmachen.

Jetzt good news: Ihrem Bewusstsein sind Sie nicht ausgeliefert. Sie können es wie einen Scheinwerfer auf jene Themen, Dinge, Erinnerungen, Gedanken richten, die Sie sich bewusst machen wollen. Im Schlaf und bei sonstiger Bewusstlosigkeit geht das nicht, klar. Da macht Ihre Macht über Ihre Bewusstsein Pause. Aber im Wachzustand sind Sie Herr bzw. Herrin der Lage in Ihrem kleinen Reich.

Sich „himmeln" heißt einfach, das Bewusstsein wie einen Scheinwerfer auf den Himmel zu richten – nicht auf den Sternenhimmel und nicht auf den Himmel, von dem Pfarrer und Gurus gerne reden. Sondern auf diesen vollkommenen Ort, wo ein vollkommenes Überfluss-Wesen lebt. Richten Sie Ihr Bewusstsein wie einen Scheinwerfer immer wieder weg von sich selbst, hin auf Gott: Leuchten Sie zu ihm hin. Lenken Sie Ihren Gedankenstrahl in seine Richtung. Knipsen Sie in Ihrem Inneren einen Suchscheinwerfer an, der leuchtet, um etwas zu finden, was da ist: Gott selbst. Nehmen Sie die Bibel dazu, und leuchten Sie auch hier hinein: In einer Haltung des Suchens und der Gewissheit, dass Sie Gott dort finden werden.

Sie strecken damit Ihr Bewusstsein wie eine Hand zur Begrüßung in Richtung dieses Ortes der Vollkommenheit aus. Sie haben sich zuvor geerdet – also Ihre Existenz als Mensch in der ganz normalen Begrenzung des Menschseins bewusst zur Kenntnis genommen. Und nun himmeln Sie sich einfach – und strecken Ihr Bewusstsein, Ihre Existenz mit Sehnsucht und Erwartung aus nach einer Macht und Vollkommenheit, die es auf der Erde, im Sichtbaren nicht gibt. Aber die Erde und das Sichtbare sind ja nicht mal die halbe Wahrheit, das wissen wir alle. Oder glauben Sie wie die Kleinen im Kasperltheater, dass sich die Figuren von selbst bewegen?

Natürlich ist da in Wahrheit jemand dahinter, und das ist die größere Wahrheit. Auch im Kasperltheater namens „Leben".

10
Ein Gespräch beginnen

Ihr Bewusstsein strecken Sie zu Gott aus, indem Sie mit ihm sprechen. Aber was soll man ihm sagen?

Ganz einfach: Sagen Sie ihm doch, was Sie so von ihm halten. Völlig ehrlich, völlig unverstellt und ungeschminkt. Gott hält das aus – und er weiß ohnehin schon, was Sie sagen wollen. Aber Sie selbst wird es verändern, wenn Sie ihn und sich Ihre Gedanken über Gott hören lassen. Sie hören sich dabei auch selbst zu: Ihrem Glauben und Ihrem Unglauben, je nachdem, was Sie da sagen. Alles ist erlaubt und willkommen: Ihre offenen Fragen und Ihre Hoffnung. Ihr Kinderglaube und die Argumente Ihrer Vernunft gegen ihn. Macht alles nichts, hat alles seine Berechtigung. Nochmals: Gott hält alles aus.

Wenn Sie in all dem auch etwas Positives zu sagen haben, was Sie von Gott halten, dann sagen Sie es besonders deutlich und bewusst: „Gott, ich finde dich…. Du bist in meinen Augen….. Ich denke, dass du wirklich……." All das nennt die Bibel „anbeten", „loben", „preisen".

Wenn Sie da unsicher sind, seien Sie ehrlich. Sie können es ja auch als vorsichtigen Wunsch formulieren: „Es wäre unfassbar gut, wenn du….. Ich wünsche, du wärst……. Ich kann nur hoffen, du bist……."

Stellen Sie Fragen. Drücken Sie Empfindungen aus. Formulieren Sie Zweifel.

Aber vermeiden Sie im eigenen Interesse eher Anklagen und Vorwürfe. Gott hält sie schon aus. Aber all das sind meistens „Rolltreppen nach unten", sie haben eine Tendenz weg von Gott und weg vom glücklichen Leben. Und eigentlich wollten Sie ja hin zu ihm und zu einem glücklichen Leben.

Falls Ihnen nun selbst nichts Positives über Gott einfällt, was Sie ihm ehrlich sagen können: Auch kein Problem. Hier drei Vorschläge, was Sie immer zu Gott sagen können:

- *„Danke, dass es mich gibt."* So ziemlich die einzige Tatsache, die Sie nicht leugnen können und nicht beweisen müssen, ist, dass es Sie gibt. Denn das steht ja nun mal fest, oder? Und nachdem in Ihrem Körper und Ihrem Geist so viele Systeme ständig funktionieren, ohne dass Sie was dazu beitrag, ohne dass Sie von vielen dieser Systeme überhaupt wissen, dass es sie gibt – Sie könnten sich bei Gott dafür bedanken, dass Sie existieren. Sie haben sich ja nicht selbst gemacht. Und glauben Sie wirklich, dass das bisschen Schleim und (hoffentlich) Lust bei Ihrer Zeugung genug war, um etwas so Großartiges wie Sie ins Leben zu rufen? Seien Sie ruhig stolz auf sich: So etwas wie Sie entsteht nicht einfach aus einer Menschenlaune heraus. Hinter Ihrer DNA steht sinnvolle Information und kreative Innovation einer willensstarken Person. Beides ereignet sich niemals „von selbst", schon gar nicht in Kombination. Wagen Sie den atemberaubenden Gedanken (und das darf ruhig lange brauchen): Sie sind eine gezielte Schöpfung einer überragenden, personenhaften, zutiefst positiven Intelligenz. Und das ist mehr Menschenwürde, als irgendeine Deklaration der UNO Ihnen jemals geben kann.

- *„Danke, dass ich bin, wie ich bin."* Das ist vielleicht eine ziemliche Überwindung. Aber überlegen Sie: Es gibt Sie nun einmal, und das war nicht Ihre Leistung. Und Sie haben bestimmte Eigenschaften, Stärken und Wesenszüge, die ebenfalls nicht Ihre Leistung sind. Wenn Sie für das bloße Dasein Ihrer Person danken können, dann können Sie auch für das Dasein Ihrer Eigenarten danken. Zumindest für die, die Ihnen gefallen. Wenn Gott wirklich der Grund für Ihre Existenz ist und Sie in diesem Moment noch immer existieren – und Sie existieren ja noch immer, oder? –, dann können Sie davon ausgehen, dass er die Stärken Ihrer Person ausreichend schätzt, um Sie bis hierher durchgebracht zu haben. Das gilt übrigens auch für Ihre Schwächen. Nehmen Sie sich selbst mal an. Verändern können Sie sich später immer noch (lassen). Sehen Sie sich selber an, so wie ein Künstler sein gelungenes Kunstwerk ansieht: Denn genau so sieht Gott Sie, egal was Sie selbst von sich halten.

- *„Ich möchte dir gerne begegnen."* Irgendwie logisch, denn sonst wären Sie ja nicht so weit gekommen. Vielleicht sind Sie sich aber nicht ganz sicher, ob Sie diesen Wunsch wirklich haben. Dann sagen Sie Gott eben Ihre Unsicherheit. Seien Sie ehrlich. Sagen Sie ihm, was Ihren Wunsch dämpft oder welche Bedenken Sie haben. Hören Sie sich selbst dabei zu: Angenommen, Sie selbst wären ein super Überfluss-Wesen und ein von Ihnen geschaffener Mensch sagt Ihnen solche Bedenken – wie begründet würden Sie diese Bedenken wohl finden? Und wenn Sie nun in Ihre Rolle als dieser Menschen wieder zurückkehren: Was bleibt von diesen Bedenken nach Ihrem Ausflug in Gottes Rolle noch ernsthaft übrig?

Damit starten Sie, und dann sagen Sie zu Gott all das, was Sie ihm jetzt noch gern sagen würden, wenn er sichtbar neben Ihnen sitzen würde. Hören Sie auf den Klang Ihrer eigenen Stimme. Lauschen Sie sich selbst. Versetzen Sie sich in die Lage eines Künstlers, der auf einmal sein Kunstwerk sprechen hört. (So geht's Gott gerade.) Machen Sie eine kurze Pause – und machen Sie sich bewusst, was Sie da jetzt tun. Fühlt es sich gut an? Oder merkwürdig? Reden Sie einfach weiter. Reden Sie mit ihm, als ob Gott da wäre. Lassen Sie sich einfach auf dieses „als ob" ein. Sie suchen damit nach jemand, der wirklich da ist. Und deshalb werden Sie ihn auch finden.

Wenn Sie eine positive Aussage aussprechen, die Sie wohltuend finden, wiederholen Sie sie. Gerne oft, auch wenn Ihnen das absurd vorkommt. Es tut gut, wenn man mit eigener Stimme einen wohltuenden Satz oder Zuspruch immer wieder hört. Diese Wiederholung ist kein Beschwören und keine Autosuggestion: Wahrheiten brauchen oft lange, bis sie einsinken, und sie werden durch Wiederholung nicht unwahrer. Ihr Denken, Ihr Geist, Ihr Inneres ist wie ein Ackerboden, in den Gutes tief einsinken muss, damit es Früchte tragen kann. Wir vergessen leider so schnell. Was wir gehört haben, was wir selbst ausgesprochen haben, was wir wiederholen, das setzt sich eher fest als ein flüchtig gedachter Halbsatz. Und wie oft sagen sich Verliebte dasselbe, wenn sie merken: Ich sag das gerne, und der Partner hört das gerne. Sie können ihre Vorzüge nicht oft genug loben. Sie können sich ihre Liebe und Treue nicht oft genug beteuern. Es wird nie langweilig, nie zu viel. Es hat nie den Klang einer verzweifelten Beschwörung, wenn man sagt oder hört: „Ich liebe dich, weil du bist, wer du bist und wie du bist." Etwas Ähnliches kann man auch zu Gott hin sagen, selbst wenn man sich noch nicht so ganz sicher ist. Lieber ein vorsichtiges „Ich würde dich ja gerne lieben, wenn ich sicher sein könnte, dass du wirklich bist, wer du angeblich bist" als aus lauter Bedenken verschämt schweigen.

Wenn es Gott nicht gibt, dann gibt es auch keine Begegnung mit ihm. Dann gibt es auch kein glückliches Leben aus der Begegnung mit ihm. Dann ist es auch sinnlos, irgendetwas zu ihm sagen.

Wenn es ihn aber gibt und er ein perfektes Überfluss-Lebewesen ist, dann ist es sehr wahrscheinlich, dass die Kontaktaufnahme mit ihm sehr sinnvoll, zielführend und irgendwie beglückend ist. Es ist jedenfalls den Versuch wert und entspricht der Erfahrung vieler Millionen Menschen.

Im worst case hört Sie niemand, und es war halt etwas verlorene Zeit. Macht ja nichts: Wieviel Zeit haben Sie und ich schon für wesentlich aussichtslosere Projekte verplempert?

Im best case hört Sie – tatsächlich Gott selbst. Das alleine wäre doch den Versuch wert.

11
Ein Fluss, der einmündet

Wie antwortet Gott nun darauf, wenn er Sie hört? Ich erlebe Gottes Antwort auf meine Kontaktaufnahme manchmal als ein Einströmen von Freude und anderen Inhalten seines Bewusstseins in mein Bewusstsein. Etwas aus seinen Emotionen und Gedanken fließt in mein Denken und wird mir bewusst – natürlich nur, wenn ich das will und erlaube. Es ist wie beim Zusammenfluss von zwei Flüssen in der Landschaft: Das Wasser des einmündenden Flusses „beeinflusst" das Wasser des anderen. Ab dem Zusammenfluss ist alles anders, es ist mehr da als vorher, und es geht mit gemeinsamer Dynamik weiter. Dabei geht nichts verloren, sondern eine neue, (wasser)reichere Einheit ist entstanden, einfach aus dem Zusammenfluss.

Dieses Einmünden klingt vielleicht etwas theoretisch, ist aber ganz konkret: In Passau mündet der Inn in die Donau. Die Wassermassen mischen sich erst im Lauf der nächsten Flusskilometer, aber nach dieser Einmündung ist die Donau wesentlich wasserreicher und anders gefärbt als voher. Der Inn beeinflusst die Donau, einfach, indem er in die Donau einströmt und die Donau sich nicht dagegen „wehrt" (naja, wie auch?). Alles, was der Inn mitbringt an Wasser, Sedimenten und Treibgut, „schenkt er her", es gehört ab diesem Zusammenfluss der Donau.

Eigentlich ziemlich großzügig, dieser Inn.

Suchen Sie gerne ein Bild von dieser Flussmündung in Passau (oder einer anderen) auf Google oder sonstwo. Oder besuchen Sie mal selber eine Flussmündung. Betrachten Sie das ruhig. Lassen Sie dieses Bild auf sich wirken. So ähnlich sieht Gottes Antwort auf Ihre Kontaktaufnahme mit ihm aus. Wie zwei vorher weit entfernte Flüsse zu ihrer Vereinigung hin strömen und sich dann verbinden, so strömt Gottes Bewusstsein zielstrebig auf Ihr Bewusstsein zu. Gottes Bewusstsein ist seine Aufmerksamkeit, sein Denken, sein Gedankenstrom – und genauso ist Ihr Bewusstsein Ihre Aufmerksamkeit, Ihr Denken, Ihr Gedankenstrom. Die Bibel nennt Gottes Bewusstsein „Gottes Geist", weil dieses Bewusstsein Gottes unsichtbar und immateriell ist, ein Geist eben. Genauso ist auch Ihr eigener Geist unsichtbar und immateriell. Beides passt also ganz gut zusammen – und kann sich darum gut im Unsichtbaren und Immateriellen treffen.

Sprechen Sie Gott also ruhig an. Gehen Sie davon aus, dass es ihn gibt. Rechnen Sie mit dem Besten. Dann wird etwas von seinem Geist, von seinen Gedanken in Ihren Geist fließen und einmünden. Er wird Gedanken als Inhalt mit sich bringen und diesen Bewusstseinsinhalt in Ihren Geist, in Ihr Bewusstsein hineintragen. Etwas, was vorher nicht da war, nicht Teil Ihres Bewusstseins war, kommt nun herein und beeinflusst Sie buchstäblich. Es gehört dann Ihnen.

Das ist der beste Einfluss, den es gibt. Wenn das super Überfluss-Wesen Gott etwas von seinen Gedanken in einer Begegnung mit Ihnen in Ihr Bewusstsein reinträgt, werden diese Gedanken Teil Ihres Bewusstseins. Oft sind das Zusprüche oder das Bewusstsein einer bestimmten Eigenschaft, die ihn auszeichnet. Sie erinnern sich plötzlich an Aussagen, die Sie in der Bibel gelesen haben. (Übrigens ein guter Grund, in der Bibel zu lesen: Dann wissen Sie nämlich, wo diese Aussagen herkommen.) Es können Impulse sein: Zum Beispiel etwas Bestimmtes zu tun oder nicht mehr zu tun, jemand zu kontaktieren, eine aufgeschobene Entscheidung zu treffen, an einem Charakterzug zu arbeiten. Diese Einflussnahme ist ein wesentlicher Teil jeder Begegnung mit Gott. Wenn er wirklich das super Überfluss-Wesen ist, dann muss sein Überfluss jeden Menschen positiv beeinflussen, der ihn dazu einlädt.

Haben Sie Angst vor fremdem Einfluss? Aber wieso denn? Jeden Tag lassen Sie sich beeinflussen. Ständig lassen Sie fremde Einflüsse an sich heran und in sich hinein. Beim Atmen, Essen und Trinken ebenso wie beim Konsumieren von Medien. Bei jedem Gespräch, bei jedem Spaziergang oder jeder sportlichen Aktivität. Wir werden ständig beeinflusst. Wir haben nur die Wahl, welche Einflüsse wir wie tief reinlassen und einsinken lassen in unser Denken. Gottes Überfluss wird für Sie zum guten Einfluss, wann immer Sie es zulassen.

12
Sehen und sehen lassen

Jeder Fluss, jeder Strom hat eine Quelle. Das ist auch beim Bewusstseinsstrom so. In jedem Menschen gibt es diesen Strom. Und darum gibt es auch in jedem Menschen Quellen dieses Stromes. Aus diesen Quellen fließt, wie wir unser Leben leben: Wie wir denken, wie wir reagieren, was wir anstreben und was wir fürchten. Dort entsteht unser ständiges Überlegen und Erleben, unser Alltag und die Gesamtheit unserer Existenz. Über manche dieser Quellen wissen wir nichts. Manche sind uns zumindest bewusst. Und über andere haben wir selbst einige Macht. Jedenfalls aber sind diese Quellen das Gegenstück zu unserer Außenseite. Tiefe Beziehungen, die inspirieren und glücklich machen, entstehen erst, wenn Menschen einander den Zugang zu diesen Quellen ihres Lebens öffnen: Zu ihren Werten, Maßstäben, ihrer Vergangenheit und Prägungen, ihren Erfahrungen und Fehlern – einfach zu all dem, was der Grund dafür ist, dass das „Ich" so ist wie es nun einmal ist.

Auf das Einströmen von Gottes Gedanken ins eigene Bewusstsein können Sie antworten. Zum Beispiel, indem Sie ihn genau an diese Quellen der eigenen Person einladen. Gott hält sich dort sehr gerne auf, zusammen mit Ihnen. An den Quellen Ihres Ich, den Quellen Ihrer eigenen Identität und Existenz. Schauen Sie sich mit ihm gemeinsam an, wer Sie wirklich sind und wie Sie wurden, was Sie sind – ohne Verstellung, ohne Heimlichkeiten, ohne Scham. Nur Sie und er wissen, wer Sie wirklich sind. Nur Sie beide kennen den ganzen Weg bis hierher. Das verbindet. Es ist eines der schönsten Erlebnisse, die es geben kann.

Laden Sie ihn ein, gemeinsam auf Ihre Stärken zu schauen: Auf Ihre Talente, Ihre Begabungen, Ihre Erfolge. Bitten Sie ihn auf ein Rendezvous bei den Höhepunkten Ihres Lebens bisher. Lassen Sie ihn das bewusst ansehen, was Ihnen an Ihnen selbst gefällt. Vielleicht Ihre Augen. Oder Ihr Humor. Oder Ihre Musikalität. Ihre Bereitschaft zum Geben. Ihre Kochkünste. Was auch immer. Sie können dabei nichts falsch machen: Gott findet viel mehr an Ihnen schön, als Sie jemals zu hoffen wagen: Denn er hat es geschaffen. Danken Sie ihm dafür, auch weil danken Ihnen selber guttut.

Laden Sie Gott auch ein, gemeinsam auf Ihre Schwächen zu schauen: Auf Ihre negativen Gefühle, Ihre Sorgen, ihre Ängste. Auf Fehler und Versagen. Auf böse Worte, Neid und Eifersucht, oder den Hang zum Selbstmitleid und all die Dinge, die Sie nicht oder nicht mehr ändern können. Und auf all das, was Ihnen an sich selbst gar nicht gefällt. Gott schätzt diese Offenheit und Unbefangenheit. So entsteht Nähe – zwischen Menschen und ebenso zwischen Ihnen und Gott. Keine Angst: Ihn überrascht nichts, ihn schreckt nichts, ihn verärgert nichts. Vielleicht schenkt er Ihnen auch eine neuen Blick auf Manches. Und versöhnt Sie langsam mit Dingen, die bisher ein Problem waren.

Laden Sie ihn auch ein, all das gemeinsam anzusehen, was weder gut noch böse ist: Der ganze Urboden Ihrer Existenz, aus dem Ihr Handeln, Denken und Fühlen wächst. Ihnen wird dabei viel über sich bewusst werden, wenn Sie ihm Raum und Zeit geben und geerdet und gehimmelt mit ihm durch Ihre Person wandern. Sie entdecken Verhaltensmuster und Reflexe, und dass Sie diese ändern können. Sie lernen sich neu schätzen. Sie bekommen durch Ihre radikale Offenheit einen neuen Lebens-Bezugspunkt in diesem Überfluss-Wesen.

Wenn Ihnen diese Offenheit merkwürdig oder sogar unangenehm vorkommt: Macht nichts. Überlegen Sie: Vor manchem Arzt müssen Sie sich einfach ausziehen und gemeinsam mit ihm Dinge ansehen (meistens eher ungesunde, unschöne). Vor jeder Fußpflege legt man die Füße bloß – nicht immer ein schöner Anblick, aber nötig. Vor einer Massage legen Sie die Kleidung ab und überlassen sich dem Masseur, weil Sie sich etwas Gutes davon erwarten: Gerade dieses Ablegen, dieser Wechsel in die Rolle des Passiven, Behandelten, ermöglicht erst den Nutzen einer Massage. Gott begegnen ist darum wie eine Seelenmassage: Sie legen das bisschen Schutz ab, das Sie umgibt, und überlassen sich erfahrenen, guten und wohlmeinenden Händen – oder in diesem Fall einem erfahrenen, guten, wohlmeinenden Geist. So wie ein warmes, duftendes Massageöl einzieht in die Haut, so zieht Gottes Geist warm und „duftend" in Ihren Innenraum ein.

Manche Massage tut auch mal weh, aber dafür löst sie Verspannungen, Verkrampfungen und Verhärtungen. Und davon haben wir – wenn wir ehrlich sind – jede Menge in uns. Gottes Seelenmassage schafft diese Lösung an Ihrer Seele. Und im Gegensatz zum Massagestudio ist die Seelenmassage kostenlos und immer möglich.

13
Gott erkennen

Stellen Sie sich vor, Sie sehen in einer Zeitung oder im Internet das Foto einer Menschenmenge. Viele Unbekannte, die in einer fernen Stadt gegen irgendetwas demonstrieren. Es sind zwar viele Gesichter, aber auf Fotos wie diesem sehen auf den ersten Blick ja alle Menschen gleich aus. Sie sehen etwas näher hin, die Gesichter sind natürlich unscharf, und Sie kennen ja niemanden davon. Aber plötzlich bleibt Ihr Auge an einem Gesicht hängen: Das könnte ja tatsächlich Ihre Tante Carolina (Anne, Klothilde, Britney ...) sein! Jetzt schauen Sie genau hin. Natürlich,

das ist sie! Die langen schwarzen Haare, die alt-
modische Lodenjacke, der empörte Gesichtsausdruck,
wenn sie sich wieder mal über etwas aufregt … du
meine Güte, wie kommt die bloß dorthin? Jedenfalls
haben Sie sie überraschend erkannt. Gut, dass Sie
genauer hingesehen haben: Denn so geht erkennen.

„Erkennen" ist eine grundlegende Erfahrung
zwischen Menschen und ebenso in der Begegnung mit
Gott. Neugeborene erkennen ihre Mutter an der
Stimme, am Geruch, am Gesicht – und das immer
wieder neu, viele Male jeden Tag. So entsteht
Vertrautheit (ich weiß: du bist es) und Vertrauen (ich
weiß: du bist gut). Genau diese Vertrautheit und
dieses Vertrauen will Gott auch dem Menschen
schenken, der ihm im Verborgenen begegnet.

Also ist Erkennen zweierlei: Ein punktuelles
Bemerken „Ah du bist das" oder „Ah du bist da" –
aber auch ein dauerndes Erleben von Vertrautheit.
Diese Vertrautheit nimmt durch die vielen kleinen
Erkennens-Erlebnisse zu. Es vertieft sich dadurch
immer weiter zu einem wachsenden Vertrauen. Diese
beiden Arten des Erkennens gehören also zusammen.
Jede gute Beziehung, jede vertraute Begegnung baut
darauf auf.

Das ist auch in der Begegnung mit dem Überfluss-
Wesen Gott so. Es gibt punktuelle Momente des
Erkennens, so wie die Tante am Foto. Man sieht

genauer hin, und es kommt zu einer spontanen Erkenntnis.

Schauen Sie auf Ihr Leben zurück – auf markante Momente, Weichenstellungen, eigene Entscheidungen. Auf das Verhalten anderer Menschen, das Ihr Leben beeinflusst hat. Gehen Sie noch weiter zurück: Schauen Sie auf die Schulzeit, Erfolge, Misserfolge, Schönes und Schwieriges. Gehen Sie noch weiter zurück: Zu Ihrem Anfang. Sie könnten schlagartig erkennen: Von nichts kommt nichts, nicht mal ein Atom. Und ich bin mehr als ein Haufen Atome, ich bin lebendige Information. Und lebendige Information entsteht nicht spontan – und die braucht es nun mal, damit ein sinnvolles Etwas, und erst recht ein Mensch, entsteht. Auf einmal sehen Sie: Da ist etwas an mir, eine Information über mich, was nicht von selbst entsteht und nicht von mir selber stammen kann – weil diese Information war vor mir da. Da ist eine Ordnung, eine Funktionalität, eine Lebendigkeit in mir, die nicht von mir her kommt. Da ist etwas dahinter. Da ist jemand dahinter.

An diesem Punkt zum Beispiel könnten Sie beginnen, das Überfluss-Wesen Gott zu erkennen, wenn Sie genauer hinsehen. Wollen Sie ein Zufallsprodukt sein? Oder wollen Sie eine gezielte Schöpfung sein? Beides kann keiner beweisen. Darum entscheidet hier nicht der Verstand. Ihr Herz entscheidet, was Sie sein wollen. Und ob Sie Gott erkennen wollen.

Gott können Sie auch in Ihren Lebenserfahrungen erkennen: Gab es glückliche Tage? Gab es überraschende Wendungen? Gab es Chancen, egal ob Sie sie genutzt haben oder nicht? Gab es Dinge, die Ihnen gelungen sind? Große oder kleine Erfolge, die Ihnen unverdient oder mühelos zugeflogen sind? Gab es beeindruckende Menschen? Gab es unerklärliche Erlebnisse und Erfahrungen? Gab es Musik? Gab es gute Stunden in der Natur? An diesem Punkt könnten Sie in all dem Durcheinander Ihres Lebens, unter den vielen Gesichtern der Menschen in Ihrem Leben, Gott erkennen – so wie Ihre Tante vorhin auf dem Zeitungsfoto. Lassen Sie solche Momente zu, in denen der Gedanke an Gott plötzlich ganz nahe liegt. Momente, in denen Sie erkennen: Da ist mehr als nur Menschen und ihr Treiben – in solchen Momenten steht die Tür offen, um Gott zu erkennen. Es ist nur ein Schritt: Vom Glauben an Zufall, Glück und Schicksal zum Erkennen: Da ist mehr. Da ist ein Jemand. Da ist Gott.

Vielleicht ist beim Lesen bisher in Ihnen der Gedanke aufgeblitzt: Ich glaube es zwar nicht, aber es wäre schon schön. Dann ist auch dieser Gedanke eine Chance. Wischen Sie ihn nicht beiseite, weichen Sie nicht aus. Stellen Sie sich Ihrem heimlichen Wunsch, dass es Gott geben soll. Stellen Sie sich Ihrem verdrängten Wunsch, dass er gut sein soll. Und lassen Sie sich ein auf ein Erkennen: Es gibt ihn. Und er ist vollkommen in jeder Hinsicht. Hier, an diesem Punkt, beginnt das glückliche Leben.

14
Gottes Wesen feiern

Gott begegnet man nicht, um ihn zu etwas zu überreden. Und auch nicht, um ihn mit religiösem Gesülze
milde zu stimmen (das wäre ja Bestechung). Es geht
nicht darum, ihm eine Wunschliste zu übergeben oder
wie bei einem Strafmandat zu versuchen, das Bußgeld
für irgendwelche Vergehen ein wenig runterzu-
verhandeln. Sondern es geht darum, sich als Person,
als Lebewesen von ihm ansehen zu lassen und ihn als
Lebewesen, seine Person anzusehen. Wie zwei Menschen, die sich lieben, sich immer wieder ansehen
müssen. Niemand muss es ihnen befehlen oder vor-
machen. Sie können einfach nicht anders. Es gibt
nichts Schöneres und Sinnvolleres für sie. Sie vergessen Zeit und Raum und sind nur für einander da.

Es ist wohltuend, sich gemeinsam mit Gott selbst
anzusehen. Aber es ist nochmals eine Dimension
besser, sich gemeinsam mit Gott – Gott selbst anzusehen. Gott, wie ihn die Bibel uns vorstellt, hat
Eigenschaften, auf die man nur mit Freude und mit
Feiern antworten kann, wenn man sie einmal zumindest in Umrissen erfasst hat. Ein tiefes inneres Freuen,
Anerkennen und Feiern nennt die Bibel auch „Anbetung". Das ist die natürliche, spontane, unverstellte
Reaktion auf Eigenschaften Gottes, wenn man sie
erahnt. Gott feiern heißt, seine Eigenschaften in den
Mittelpunkt zu stellen, zu betrachten, in Gedanken zu

„kauen". Es geht um Genuss! Sich unverschämt Freude darüber erlauben, dass Gott möglicherweise wirklich so gut ist. Zulassen, dass dieses Gut-Sein Gottes in der eigenen Wahrnehmung immer mehr von der erhofften Möglichkeit zur erfahrenen Realität wird. Gottes Wesen feiern heißt, innerlich seine Eigenschaften fassen, beleuchten, ansehen von allen Seiten und das zusammen mit anderen seiner Eigenschaften.

Ein paar Beispiele für solche hinreißende Eigenschaften zum Feiern:

Gottes Perfektion: Perfektion erfreut das Herz ganz unmittelbar – vielleicht weil wir sie so selten erleben. Etwa wenn jemand die Lieblingsspeise wirklich perfekt zubereiten kann, dann ist das eine helle Freude – und leider kanns nicht jeder. Oder wenn ein Musiker ein Stück nicht nur technisch fehlerlos, sondern auch im Stil und Ausdruck so gut wiedergibt, wie man es noch nie gehört hat und es besser nicht vorstellbar ist, dann ist das eine absolute Freude. Sportler, Artisten, Akrobaten, Filmregisseure, Tänzer und viele andere – in ihren Leistungen kommen sie immer wieder an Perfektion nahe heran. Ihre Perfektion erzwingt Anerkennung. Aber Gottes vollkommene, totale Perfektion in allem, was er ist und tut, erzwingt mehr als bloße Anerkennung: Wenn man sie erkennt, erzwingt sie geradezu Anbetung, Verehrung, Feiern. Jede Kritik, jeder Widerspruch verstummt, ja sogar der Wunsch zu kritisieren oder auch nur der Gedanke an diesen Wunsch. Man ergibt sich der Könnerschaft, der Perfektion, der kompakten Vollkommenheit, die man erahnt. Und diese Vollkommenheit ist massiv: Bei einem Möbelstück, das furniert ist, liegt an der Oberfläche eine dünne Holzschicht, darunter aber ist doch nur eine billige Spanplatte. Massive Möbel dagegen bestehen eben durch und durch aus Holz. Auch das ist ein Bild für Gottes Vollkommenheit – er ist eben durch und durch im Kern perfekt, den man gar nicht sehen kann, und nicht nur äußerlich im Sichtbaren.

Gottes Freundlichkeit: Freundliche Menschen sind eine Wohltat. Ihre Freundlichkeit äußert sich in vielen Kleinigkeiten: Ein Lächeln, eine sanfte Stimme, eine Geduld, ein nachhaltiges Entgegenkommen, ein beständiges Mitdenken und Vorausschauen – aber ohne die Forderung nach Bezahlung oder Belohnung. Bei besonders freundlichen Menschen merkt man: Ihre Freundlichkeit ist keine professionelle Maske oder für bestimmte Situationen antrainiert. Ihre Freundlichkeit fließt aus ihrem Wesen. Sie tun nicht nur freundlich, sie handeln nicht nur freundlich, sie *sind* einfach freundlich, durch und durch. Gott führt diese Freundlichkeit in seinem Wesen wie alles zur Perfektion. Seine Haltung ist eine grundsätzliche, vollständige, unerschütterliche Freundlichkeit. (Es gäbe Sie sonst gar nicht.) Aber was ist, wenn im Leben etwas geschieht, was gar nicht freundlich wirkt? Denken Sie an einen freundlichen Arzt: Selbst, wenn er etwas Unangenehmes an Ihrem Körper tun muss, würden Sie ihn deswegen nicht unfreundlich finden. Unfreundlich wäre, wenn er aus Feigheit das langfristig Nötige unterlassen würde, damit Sie ihn weiterhin mögen. Freundlichkeit heißt letztlich: Ich bin dein Freund, und darum tue ich, was dir als Freund am meisten nützt, auch wenn du es nicht gleich so wahrnehmen kannst. Ich verzichte lieber auf deine kurzfristige Zuneigung als auf dein langfristiges Wohlergehen. Wahre Freundlichkeit besteht im Kern aus dieser Ehrlichkeit – und dazu noch aus viel Wärme, Entgegenkommen und Sanftheit. Das ist dann Herzlichkeit, und die zeichnet den Freund gegenüber dem freundlichsten Arzt aus: Eine emotionale Zuneigung, ganzheitlich, man könnte auch sagen: ganzherzlich. In jedem Menschen liegt im Kern mehr oder weniger Unfreundlichkeit – man muss nur an der richtigen Stelle nachsehen. Bei Gott liegt im Kern immer Freundlichkeit und Herzlichkeit – egal wo man hinsieht.

Gottes Unkompliziertheit: Gottes endlose Größe führt nicht dazu, dass er schwieriger zu verstehen ist, als wenn er etwas kleiner wäre. Im Gegenteil – seine Größe führt dazu, dass er vollkommen einfach und zugänglich ist. Er ist die perfekte Einfachheit und die vollkommene Zugänglichkeit. Wie vorhin gesagt: Der Zugang zu ihm ist so einfach, wie auf eine Rolltreppe aufzusteigen. Das ist so, weil er selbst in seinem Wesen so unkompliziert ist. Die größte Sünde der

Kirchen, Religionen und Sekten ist es, Gott kompliziert erscheinen zu lassen. Dadurch entsteht auch der völlig falsche Eindruck, er sei schwer zugänglich. Etwa wie eine Behörde, bei der man zahllose Formulare richtig ausfüllen muss – und dann bleibt immer noch das Risiko, dass man etwas übersehen oder falsch gemacht hat. Bei Gott können Sie nichts wirklich falsch machen, wenn Sie ihm begegnen. Er hasst das Formelle und liebt es, wenn Menschen „formlos" und „informell" zu ihm kommen. Formalitäten schaffen Distanz, und Gott hasst Distanz. Nähe ist informell, und so liebt es Gott. Er ist kein strenger Amtsleiter, sondern ein fröhlicher Familienvater. Es ist beglückend, dass das super Überfluss-Wesen den völlig informellen (modern gesagt: „niederschwelligen" oder „barrierefreien") Zugang liebt. Wie eine Behörde, bei der Sie statt eines Formulars lieber einen handgeschriebenen Zettel abgeben sollen, weil die Beamten Ihre Handschrift so sehr lieben. Oder noch besser überhaupt nichts abgeben, sondern lieber selber vorbeikommen, wo Sie mit Kaffee und Tortenbuffet empfangen werden.

Gottes Wohlwollen: Wenn ein Bürger das Wohlwollen seines Präsidenten oder Königs genießt, ist das eine große Auszeichnung. Er weiß dann, dass der König seine Entscheidungen über ihn aus guten, positiven, konstruktiven Gründen trifft und niemals aus Willkür, Grausamkeit oder Gedankenlosigkeit. Er weiß: Der König „will mir wohl", er will mein Bestes und sorgt auch dafür. In diesem Bewusstsein lebt der Bürger sein Leben, geht mit Herausforderungen um, erlebt Höhen und Tiefen, macht Fehler und ist auch von Fehlern anderer Bürger betroffen. Aber in all dem weiß er, dass ihm von der Spitze des Reiches her versprochen ist, dass sein Wohl angestrebt und auch erreicht wird. Oder denken Sie an ein Unternehmen, wo Mitarbeiter das Wohlwollen der Geschäftsführung genießen: Sie wissen, dass sie unbelastet ihre Arbeit tun können, Neues wagen und auch Fehler machen können. Denn von der Leitungsebene her ist eine positive, konstruktive Grundhaltung einfach fix versprochen und wird täglich vorgelebt. Auf dieser Basis lebt und arbeitet man anders als unter Druck und Angst. Als Menschen genießen wir Gottes Wohlwollen, und einmal erkannt, führt auch diese Tatsache zum Feiern. Sein Wohlwollen ist unerschütterlich. Es kann durch nichts gefährdet werden. Es ist übrigens kein Zufall, dass man Wohlwollen schon rein sprachlich nicht bloß „hat", sondern „genießt": Denn Gottes Wohlwollen ist tatsächlich ein Genuss. (Schon das Wort „Wohlwollen" ist beim Aussprechen rund, schön und angenehm, finde ich.)

Gottes Bedenkenlosigkeit: Wir Menschen sind oft sehr vorsichtig im Umgang miteinander. Entweder weiß man zu wenig über den anderen – oder man weiß zu viel über ihn. Das Ergebnis sind jedenfalls Bedenken, und die wirken wie Zuneigungsbremsen. Viele Menschen fahren mit angezogener Zuneigungs-Handbremse durchs Leben: Nie jemandem mit Vollgas vertrauen, niemals wirklich bedenkenlos lieben, immer eine Portion Misstrauen und Vorsicht mitnehmen. Manche Menschen haben überhaupt niemanden, dem sie im entspannten Leerlauf, ohne zu bremsen begegnen können. Sie haben immer einen Rest von Bedenken, Vorbehalten, eine gewisse Zwanghaftigkeit und Befangenheit, sobald sie nicht alleine sind (oder sogar dann, das ist dann besonders schlimm). Gott kennt Sie durch und durch und begegnet Ihnen völlig bedenkenlos. Es gibt nichts, was er erst mal „bedenken" muss, denn er weiß schon alles. Immer wenn Sie ihn aufsuchen, ist er ungezwungen, unbefangen, vorbehaltlos. Das super Überfluss-Wesen liebt bedenkenlos, ohne Handbremse und ohne Sicherheitsnetz, um sich vor Enttäuschungen zu schützen. Er hat keinerlei Bedenken gegen Sie, er ist völlig frei und los davon – eben ganz bedenkenlos.

Gottes Sicherheit: Im Grunde gibt es nur zwei Arten von Menschen: Solche, die ihre Unsicherheit zeigen – und solche, die ihre Unsicherheit mit aufgesetztem Theater überspielen. Aber unsicher sind sie alle, denn Menschsein heißt immer mit einem ziemlich hohen Grad an äußerer und innerer Unsicherheit leben zu müssen. Kein Mensch weiß, was ihm in der nächsten Minute tatsächlich geschehen wird. Wir haben nur Erfahrungswerte, aus denen wir im Alltag Wahrscheinlichkeiten zukünftiger Stabilität ableiten – und die sind brüchig. Gott dagegen lebt in totaler realer

Sicherheit – und in perfekter Selbstsicherheit. Er kennt keine inneren Widersprüche und Selbstzweifel, keine Interessenskonflikte und Ungewissheiten. Er muss sich selbst keine Prioritäten setzen, wobei er dann Anderes nach unten reihen würde. Das super Über-fluss-Wesen ist immer eins mit sich selbst, lebt in vollkommen realistischem Selbstbewusstsein und ewig intakter Identität. Er kennt sich selber durch und durch. Er ist immer identisch mit sich und völlig authentisch, er bleibt sich selbst immer treu. Nichts kann ihn verunsichern, herausfordern, schwankend machen, ablenken, überraschen, enttäuschen, über-wältigen. Seine Stabilität, seine Konstanz, seine Kontinuität sind unerschütterlich – von was oder wem könnten sie denn auch erschüttert werden, wenn er wirklich ist, wer er ist? Und seine Sicherheit geht immer mehr über auf jeden Menschen, der zu ihm kommt und ihn feiert.

Gottes Dynamik: Es muss an der Tradition liegen: Viele Menschen stellen sich Gott alt, träge, gesetzt und meist sitzend und behäbig vor. Eher übergewichtig als untergewichtig, stimmt's? Eher bedächtig in seinen Bewegungen, oder? Ein junger, selbstsicherer, schlan-ker, muskulöser, abenteuerlustiger Gott passt da nicht so ins Bild. Was entspricht eher Ihrem Gottesbild – ein wagemutiger Kletterer am steilen Felsen oder ein Schiffskapitän, der breitbeinig hinterm Steuerrad steht? Ein schlauer Kommunikations-Profi oder ein ehrwürdiger Erzbischof? Ein gespannt-erwartungsvoller Teenager vorm ersten Rendezvous oder ein verwitweter, abgeklärter Pensionist im Altersheim? Gott ist nichts davon, klar. Aber Sie merken schon: Sehr dynamisch und jugendlich stellen wir uns Gott eher nicht vor. Und das ist schade, denn damit übertragen wir alle negativen Eigenschaften des Alters auf Gott. Vielleicht auch ein paar positive, aber insgesamt bleibt damit ein Eindruck von jemandem, der seine beste Zeit schon hinter sich hat und eher Ruhe braucht als Aufregungen. Das super Überfluss-Wesen Gott ist ganz anders: Eine alterslose Kraft, die jeden Tag, jeden Augenblick völlig neu und frisch ist. Eine zeitlose Dynamik, die mitreißend ist und sich durch Verwendung nicht abnutzt. Versuchen Sie beim Gedanken an Gott nicht an einen graubärtigen Kaiser am Thron zu denken, sondern sich eher einen jugendlichen kraftstrotzenden Ringer oder einen drahtigen, höchst sensiblen Tangotänzer vorzustellen. Gott ist natürlich ganz anders, aber Sie sind damit garantiert näher an der Realität dran. – Gottes Dynamik ist übrigens kein Widerspruch zu seiner perfekten Würde: Denn Beweglichkeit ist viel würdevoller als Trägheit, sichtbare Kraft ist würdiger als schlaffe Muskeln, und Agilität hat wesentlich mehr Würde als Senilität.

Gottes Entspanntheit: Vielleicht stellen Sie sich Gott ja auch manchmal wie einen Top-Manager vor: Auf ihm lasten schwere Aufgaben und Entscheidungen. Er ist höchst beschäftigt, unter Druck und angespannt. Er ist stark gefordert, wenn nicht sogar überfordert. So viel dringt auf ihn zu, immer mehr Millionen von Menschen beten ständig auf ihn ein, und so hohe Ziele und Vorgaben muss er erreichen. Lieber nicht stören. – Nein, Gott ist kein Manager. Er ist dynamisch, aber nicht hektisch und nicht beunruhigt. Er ist völlig entspannt und gelassen. Er kennt kein Erschrecken, keine Panik. Gott hat keine Sorgen. Er hat mit perfekter Entspannung den vollen Überblick und Einfluss. Ihm gelingt alles mühelos. Gott muss sich nie anstrengen. Er verströmt etwas wie dynamische Ruhe und energiegeladene Gelassenheit. Das super Überfluss-Wesen lebt völlig frei von Stress, Zeitdruck und Zwang der Umstände, dem er gehorchen müsste. In gewisser Weise ist Gott nie „im Dienst", sondern immer auf Urlaub, auch wenn er alles – mit Leichtigkeit! – in der Hand hat. Er ist sozusagen ewig auf Aktiv-Urlaub. Sein Wesen ist sonnig. Sein Herz ist heiter. Sein Gesicht glüht vor Freude. Seine Hand ist leicht. Eben wie bei uns in einem geglückten Urlaub.

15
Die Liebe – ein Kapitel für sich

Der zweite Teil der Arbeitshypothese für diese
Überlegungen war: Gott ist super im Überfluss. Davon
sind wir ausgegangen. Dieses „super" heißt ja sehr
gut, großartig, herausragend. Und die heraus-
ragendste Eigenschaft Gottes ist seine Liebe. Über
Gott, wie er sich in der Bibel vorstellt, kann man nicht
nachdenken, ohne zugleich über Liebe nachzudenken.
Lassen Sie doch die eine oder andere (gerne auch alle)
der folgenden Aussagen auf sich wirken. Beziehen Sie
sie auf sich selbst, ganz persönlich. Stimmen Sie dort,
wo Sie können, mit einem hundertprozentigen „Ja, so
ist es" zu. Oder zumindest mit einem „Ich wünsche
mir, dass es wirklich so wäre." Lassen Sie Gottes Liebe
nicht an sich abperlen, weil das cooler oder
intellektueller ist als sich ihr zu öffnen und
hinzugeben. Sie haben nichts zu verlieren, aber alles
zu gewinnen. Liebe wirbt um Liebe. Wenn Sie sich
darauf einlassen, wird in Ihrem Geist aufleuchten,
dass Gott super ist. So wie die Reflexion des
Sonnenlichts in einem stillen Teich aufleuchtet und
ihn zum Glühen bringt.

Gott mag Sie: „Liebe" ist als Begriff und Inhalt
vielleicht manchmal eine Schuhnummer zu groß für
unser Erfassen. Darum gefällt mir als Einstieg, dass
Gott mich einfach mag. So wie jemand sein Lieblings-
essen einfach mag, Schokolade zum Beispiel. Es gibt

keinen vernünftigen Grund dafür, Schokolade zu mögen. Sie ist rein ernährungs-technisch ein Problem, aber viele Menschen (darunter auffallend viele jüngere) mögen sie trotzdem für ihr Leben gern. „Mögen" ist elementar, ist emotional, ist ein spontanes Wohlfühlen und Gernhaben. „Ich mag sehr gerne bei dir sein" ist eine Kernaussage Gottes in der Bibel zu jedem Menschen. Überhaupt tut Gott alles, was er tut, „sehr gerne". Er tut nichts widerwillig, zurückhaltend, halbherzig, im inneren Zwiespalt, unter Zweifel oder unter Zwang. Er mag Sie total, und er empfindet es vollständig positiv, wenn Sie ihm begegnen. Manchmal sagen wir, dass zwei Menschen einander nicht „riechen" können, und das ist nicht nur bildlich gemeint. Aber Gott mag Ihren Geruch, und er mag auch Ihre Gestalt, Ihr Gesicht, Ihre Stimme, Ihre Talente, Ihr Lachen, die Herzensweichheit in Ihrem Innersten – weil er das alles geschaffen hat. Wenn Ihnen Gottes Liebe als Begriff zu groß, zu unfassbar ist, dann nehmen Sie zumindest einmal entgegen, dass er Sie einfach auf einer ganz „erdigen" Ebene mag.

Gottes Liebe liebt ohne Bedingung und ohne Kalkül: Seine Liebe kommt immer zuerst, vor jeder Gegenliebe. Ohne, dass irgendeine Bedingung erfüllt sein müsste. Sie ist „vorläufig" nur in dem Sinne, dass sie unserer Antwort immer vorausläuft. Und sie kennt keine Berechnung. Sie ist an keine Gegenleistung geknüpft. Jede Liebe hofft auf Gegenliebe, auch Gottes Liebe. Aber er liebt nicht mit der Bedingung, wieder geliebt zu werden. Seine Liebe will nicht Gegenliebe kaufen, nicht bestechen. Sie will lieben, sich verschenken. Gottes Selbstbewusstsein sagt in etwa: „Ich bin so attraktiv, dass meine Liebe ihr Ziel erreichen wird, ohne dass ich es irgendwie erzwingen muss." Darum zeigt sich seine Liebe nicht immer in dem, was wir als Wohltaten und Liebesbeweise verstehen würden. Eben weil Gottes Liebe unabhängig ist von Gegenliebe und sie daher nicht erkaufen, erzwingen, erschmeicheln will.

Niemand anderer kann Sie jemals so lieben, wie Gott Sie liebt: Wieviel Freundschaften, wieviele Ehen, wieviele Familien sind daran zerbrochen, dass von Menschen mehr erwartet wurde, als Menschen jemals geben können. Menschen sind ganz offensichtlich keine super Überfluss-Wesen. Macht nichts, denn wir nehmen ja an, dass es mit Gott ein solches Überfluss-Wesen mit perfekter Liebe gibt. Warum also an der falschen Stelle suchen und dort erwarten, was es an anderer Stelle tatsächlich gibt? Entlasten Sie die Menschen um sich herum, indem Sie von ihnen keine perfekte Liebe erwarten. Menschen sind in unterschiedlichem Ausmaß zu echter Liebe fähig. Aber nicht mal unter größten Anstrengungen sind sie zu einer solchen Liebe fähig, wie Gott sie mühelos gibt, weil sein Wesen sie von selbst ständig ausstrahlt. Die Sonne müht sich beim Strahlen nicht ab. Gott strengt sich beim Lieben nicht an. – Lassen Sie aber auch niemand von Ihnen vollkommene Liebe fordern. An diesem Anspruch können Sie nur scheitern: Ameisen sind zu einer Liebe fähig, wie sie Ameisen möglich ist (vermutlich ist das nicht sehr viel). Menschen sind zu einer Liebe fähig, wie sie Menschen möglich ist. Nur Gott ist zu vollkommener Liebe fähig, weil er als einziger selbst vollkommen ist. Wenn Gott wirklich in Überfluss und Perfektion lebt, dann kennt er Sie wie niemand sonst, nämlich total. Und dann versteht er Sie auch wie niemand sonst, nämlich total. Und dann liebt er Sie auch wie niemand sonst, nämlich total.

Gottes Liebe stärkt eine gesunde Selbstliebe: Ein Mensch, der einen anderen wirklich liebt, will diesen ermutigen und aufbauen. Eine menschliche Liebe von solcher Qualität stärkt das Selbstbewusstsein, anstatt den anderen zu unterdrücken und zu überwältigen. Das Erkennen, von diesem super Überfluss-Wesen geliebt zu sein – und Ausmaß, Qualität und Unerschütterlichkeit dieser Liebe immer mehr zu erfassen – ist Powernahrung für die Seele, ist Superfood, Aufbaukost. Und dieses Erkennen ist gesund, weil es auf einer gesunden Basis aufbaut. Wenn Gott mich liebt, warum sollte ich mich selber ablehnen? Zugleich ist es gesund, weil es zu gesunder Balance hilft: zwischen einer realistischen Sicht der eigenen Person (unvollkommen, naturgebunden) und von Gottes Person (vollkommen, übernatürlich). Selbstliebe aufgrund eigener Eigenschaften ist ungesund, weil sie zu Illusionen und zur Selbstvergötterung führt. Selbstliebe aufgrund von Gottes Liebe zur eigenen

Person ist gesund, weil sie zu Realismus und im staunenden Erkennen zu Gott selbst hinführt.

Gottes Liebe ist gesund, belastbar, heilend und bringt Erholung: Es klingt vielleicht merkwürdig, aber Gott ist immer gesund. Er niest nie, er hustet nie. Er kennt keine Infektionen, keine Alterserkrankungen (und auch keine Kinderkrankheiten), keine Unfälle, Verletzungen, Erkältungen, Tumore, Abbau oder Degenerations-Erscheinungen. Er kennt auch keine psychischen Erkrankungen, Verstimmungen, Depressionen, Panikattacken, Persönlichkeitsspaltung oder Identitätskrisen. Es gibt für ihn keine Vergesslichkeiten, Demenz oder Alzheimer-Symptome. Gott kann nichts passieren. Weil er selber die totale Gesundheit ist, ist auch alles, was von ihm ausgeht, völlig gesund und heilend. Auch die Liebe, die aus seiner Persönlichkeit fließt, ist total gesund, immer intakt und zugleich heilsam und wohltuend. Seine Liebe setzt nie unter Druck und Stress, hält selbst aber alles aus. Sie fordert nicht und überfordert nicht, sie verwirrt nicht, sie schwächt nicht. Sie bringt Erholung, Erfrischung, Kräftigung – wenn man sich ihr aussetzt und sie auf sich wirken und ganzheitlich einziehen lässt in Geist, Seele und Körper: Denken Sie daran, wie eine Hautcreme einzieht – so zieht auch Gott ein. Oder denken Sie an ein Sonnenbad ohne Angst vor Sonnenbrand. (Tatsächlich steht in der Bibel, dass Gott für uns Sonne UND Schutz ist …)

Gottes Liebe will zur Hingabe mitreißen: Wie oft bereut man, dass man sich zu etwas hat „hinreißen" lassen – aufgrund von Verführung, eigener Schwäche, blöden Umständen. Man hat nachgegeben, wo man eigentlich hätte widerstehen müssen. Dann bereut man den Moment der Schwäche, beklagt die dumme Situation und erleidet die Folgen das eigenen Zustimmung zu dem, was man doch eigentlich nicht will. Gottes Liebe, seiner Verführung können Sie bedenkenlos nachgeben, sich verführen lassen, sich hingeben. Das klingt im Blick auf Gott vielleicht etwas eigenartig. Aber Gottes Liebe ist keine laue Nettigkeit und kein höfliches Lächeln. Wenn er wirklich alles, was er macht, total macht – und alles deutet darauf hin –, dann liebt er auch total. Er zwingt zwar nicht, er überwältigt nicht. Doch hinter seiner Rücksicht, seinem Takt lauert eine ungezähmte Macht der völligen Zuneigung, der mitreißenden Hingabe. Gottes Liebe ist kein dressiertes Haustierchen, das um freundliche Zuwendung bettelt. Sondern Gottes Liebe ist ein wildes Kraftpaket, über das er frei verfügt und das er jedem Menschen, der danach fragt und sich an diese Liebe wagt, immer mehr erschließt. Hier gibt es kein Bereuen und kein Beklagen, kein „böses Erwachen am Tag danach". Es gibt stattdessen eine wachsende Sicherheit und Gewissheit, begehrt und geliebt zu sein: durch und durch bis in den innersten Kern der eigenen Persönlichkeit.

Gottes Liebe ist echte Liebe, nicht Prostitution: Manchen Menschen muss man das leider so deutlich sagen. Gott sehnt sich nach Menschen, aber er bettelt nicht um Freier. Seine Liebe ist buchstäblich unbezahlbar. Es geht nicht um schnelle Höhepunkte, auch nicht in der persönlichen Begegnung mit ihm. Sondern es geht um eine tiefe, dauerhafte Herzensbeziehung. Es geht um nichts Materiell-Vergängliches, sondern um etwas Ganzheitlich-Ewiges.

Auf echte Liebe antwortet echte Liebe mit – echter Liebe. Aber was ist echte Liebe? Sicher mehr als ein Gefühl. Und zugleich auch nicht nur eine rationale Entscheidung, lieben zu wollen. Liebe ist vielleicht eine Mischung aus beidem: Eine Entscheidung zu einem bestimmten Gefühl. Der Beschluss, künftig auf eine gewisse Weise empfinden zu wollen und danach zu handeln. Wir entscheiden, worauf wir unseren Affekt, unseren Herzens-Enthusiasmus richten; worauf wir unsere Fähigkeit zu echter Hingabe legen, wessen Liebe wir wirklich nachgeben und unseren inneren Raum einnehmen lassen. Gottes Einladung ist im Tiefsten immer eine Einladung hin zu seiner Liebe, hinein in seine Liebe.

16
Begegnung ohne Hindernisse

Jeder von uns ist irgendwie ein Opfer. Menschen verletzen uns und unsere Gefühle, treten uns zu nahe. Es gibt Mobbing, verächtliche Blicke, abwertende Worte, Kälte und Ablehnung – bis hin zu Gewalt und Missbrauch. Das eine oder andere erleidet jeder Mensch.

Zugleich ist jeder von uns irgendwie auch Täter. Wir verletzen Menschen und ihre Gefühle, treten ihnen zu nahe. Wir beteiligen uns an Mobbing, schauen verächtlich, sprechen abwertende Worte, versprühen Kälte und Ablehnung – bis hin zu Gewalt und Missbrauch. Das eine oder andere tut jeder Mensch.

Also mischt sich in jedem Menschen beides: Täterrolle und Opferrolle. Jeder ist beides. Der prügelnde Vater wurde womöglich selbst als Kind geprügelt. Die Frau, die ihre Nachbarin leidenschaftlich ablehnt, wird vielleicht selbst am Arbeitsplatz abgelehnt. Wer Verachtung erfährt, lernt zu verachten. Wem das Beste im Leben gestohlen wird, der wird oft selber zum Dieb, um es sich wieder zu holen. (Das ist keine Rechtfertigung, aber eine Erklärung und eine häufige Tatsache.) Wem die Liebe verweigert wird, in dem wächst eben die zweitstärkste Emotion: der Hass. Ich habe einmal auf einer Betonwand ein Graffiti gelesen: „*I hate loving families because I didn't have one.*" Deutlicher geht's nicht.

Die Trennlinie zwischen Gut und Böse verläuft nicht zwischen zwei Gruppen von Menschen, den Guten und den Bösen. Sondern diese Trennlinie verläuft mitten durch jeden Menschen. Wir alle sind Mischwesen, in denen die besten Anlagen neben verheerenden Defekten liegen. In uns wachsen köstliche Früchte aus dem gleichen Boden wie das widerlichste Unkraut. Je nach den Umständen ist mal das eine oder mal das andere mehr sichtbar, beim einen Menschen mehr dies, beim anderen mehr das. Aber keiner ist nur Täter oder nur Opfer.

Den Täteranteil im Menschen nennt die Bibel Sünde. Es geht dabei nicht um kleine und große Hoppalas. Es geht nicht um ein Tortenstück zu viel oder ein freundliches Lächeln zu wenig. Sünde ist der Anteil und das System des Täters in mir. Wie ein Wurzelgeflecht, aus dem die Taten meiner Täterrolle als dunkle Früchte herauswuchern. Sie glauben nicht daran, dass es so etwas gibt? Aber Sie haben sicher schon mal in Ihrem Leben gespürt: Dies oder jenes war einfach nicht richtig, was Sie getan, gesagt, gedacht oder unterlassen haben. Dennoch haben Sie es getan, obwohl Sie es eigentlich bei anderen falsch finden. Es gibt also eine spürbare Macht, ein System in Ihnen, das Sie zu Taten überredet, die Sie eigentlich als schlecht erkennen (zumindest wenn sie andere tun) und trotzdem selber tun. Dieses bezwingende System ist die Sünde. Sie wuchert in jedem Menschen – weil eben keiner nur gut, keiner nur Opfer ist. Sünde macht aus Menschen, aus Opfern: Täter.

(Falls Sie jetzt denken: „Sünde ist doch altmodisch, da will ich nichts drüber lesen" – geht natürlich OK. Aber: Würden Sie auch über eine Krebsdiagnose denken, so etwas sei „altmodisch", und den Arzt bitten, lieber von etwas Modernerem zu sprechen?)

Gott ist völlig anders als wir Menschen. In ihm wächst nicht Böses neben Gutem: Er ist kein Mischwesen, sondern vollständig gut, restlos gut, durch und durch gut bis in den innersten Kern. (Das war Teil unserer Arbeitshypothese am Anfang, nur anders formuliert.) Er ist weder Täter noch Opfer: Er ist unangreifbar und unverklagbar. In ihm wuchert kein System namens Sünde. Nichts kann ihn zu bösen Taten bewegen oder zwingen. Er tut nur Gutes.

Wann immer nun ein Mensch die Begegnung mit diesem Wesen sucht, prallen zwei eigentlich unvereinbare Welten aufeinander: Ein restlos gutes Wesen und ein zwiespältiges Mischwesen wollen zusammenkommen? An sich geht das nicht. An sich ist Begegnung von Mensch und Gott völlig unpassend, ungehörig, ja irgendwie unanständig. Es ist, als ob sich eine wunderschöne Prinzessin grunzend mit Schweinen im Schlamm wälzt. Es ist, als ob jemand mit

Darmwinden auf einer Flöte Mozartmusik spielen will. Es ist, als ob man einer fetten Ratte ein ausgefeiltes Drei-Hauben-Menü überlässt. Es gehört sich einfach nicht, es passt nicht.

Weil Gott aber diese Begegnung trotz allem wünscht, ermöglicht er sie auch. Obwohl der Mensch als sein Gegenüber ein solches Mischwesen aus Täter und Opfer ist. Es braucht nur zwei Schritte:

1. Sich der Wahrheit stellen: Wollen Sie einen Arzt, der Ihnen die volle Wahrheit sagt, auch wenn sie schmerzt? Oder wollen Sie lieber wohltuende, aber tödliche Lügen hören? Na eben. Also stellen Sie sich schonungslos dem Tätersystem in Ihnen, der Sünde. Sehen Sie dieser Wahrheit ins Auge: Dass kein Mensch – und auch nicht Sie – nur Opfer ist, sondern eben auch Täter. Da und dort. Und leider immer wieder.

2. Täter müssen bestraft werden. Alles andere wäre ungerecht, auch gegenüber Ihnen als Opfer. Nehmen Sie aber als große Wahrheit an, dass Sie in Ihrer Täterrolle davon ausgenommen sind: Weil für Sie eine Kaution bezahlt wurde und Sie dadurch frei kommen. Das Tätersystem Sünde in Ihnen will Sie zu bösen Taten überreden und notfalls auch zwingen. Aber Gott hat Sie mit einem Lösegeld davon freigekauft. Er hat die Strafe für alle Täter auf einen Schuldlosen gelegt,

nämlich seinen Sohn Jesus Christus. Er war kein Täter, sondern das vollkommene Opfer. Mit seiner Hingabe hat er die Macht des Tätersystems in Ihnen zerstört. Sie sind nun frei davon, sobald Sie die Freiheit wie einen Apfel, der Ihnen aus einem buchstäblich heiteren Himmel in den Schoß fällt, annehmen. So wird der Weg frei für Vergebung, für ein Durchbrechen der Täter-Opfer-Bestrafungslogik, unter der wir alle leiden. Vergebung ist Aufatmen, und vergeben kann, wem vergeben wurde.

Hier liegt der Sinn von Karfreitag und Ostern, von Kreuz und Auferstehung. Es geht nicht um religiöse Symbole und Zeremonien, sondern um Freiheit und Leben und Vergebung. Und es geht darum, dass Sie und ich Gott völlig unkompliziert begegnen können, weil wir in seinen Augen keinen Täteranteil, kein Sündensystem mehr haben. Wir sind davon frei-gesprochen. Wir brauchen die Hintergründe nicht zu verstehen; es genügt, dass wir die Auswirkungen genießen können. Verstehen Sie, wie ein Apfelbaum wirklich funktioniert? Ich nicht. Für den Genuss der Äpfel ist das auch nicht nötig.

Wenn Sie sich der Wahrheit über das Sünden-system in Ihnen stellen und zugleich Gottes Ausweg annehmen – dann genießen Sie den völlig freien Zugang zu Gott. Es gibt kein Hindernis mehr. Alles, was dem super Überfluss-Wesen Gott an Ihnen missfallen könnte, hat er selber bereinigt. Sie sind frei und schön. Sie sind nun selber ein Super-Wesen in seinen Augen.

17
Kontrolle abgeben, Frieden gewinnen

Wenn Sie als Passagier in ein Flugzeug einsteigen, geben Sie die Kontrolle über Ihr Leben für eine kurze Zeit weitgehend ab. Sie können in einen sehr kleinen Bereich weiterhin entscheiden: Welches Buch Sie lesen oder welchen Film Sie ansehen, ob Sie das Bordmenü essen wollen oder nicht, was Sie mit dem Sitznachbarn reden und so. Aber zum Flugverlauf selbst können Sie nichts beitragen, nichts beeinflussen, nichts verbessern.

Das kann sehr beängstigend sein, etwa wenn man wüsste, dass der Pilot heute seinen ersten Flug mit Passagieren unternimmt, die ganze Nacht vor lauter Aufregung kein Auge zugetan hat und sich mit Unmengen Alkohol „fit" gemacht hat für diese Herausforderung.

Es kann aber auch sehr entspannend sein, etwa wenn man weiß: Heute fliegt der Chefpilot der Airline. Er hat schon den Prototypen dieses Flugzeugs als Testpilot beim Hersteller eingeflogen. Er hat tausende Situationen mit diesem Flugzeug erlebt und kennt alles. Also wenn der das Ding nicht sicher fliegen kann, kanns keiner. Wenn man Vertrauen hat, kann man Kontrolle abgeben und sich zurücklehnen. Immerhin ist man dann auch für nichts zuständig und für nichts verantwortlich.

Wenn man das Universum als eine Art Flugzeug verstehen will, dann ist Gott der Chefpilot (und selbst in diesem schwachen Bild ist er noch viel mehr als das). Er hat das Ganze schon gesteuert, als es erst im Entstehen war, und er weiß unverändert am besten, wie die Sache läuft. Darum ist es eine der schönsten Erfahrungen im Umgang mit ihm, wenn man bewusst Kontrolle über mehr und mehr Augenblicke abgibt. Langsam lernt man dann, Gott nicht nur Momente, sondern ganze Situationen entspannt hinzugeben, dann auch ganze Stunden und Tage. Diese Zeitfenster unter seiner wohltuend erlebten Führung werden immer länger und wachsen zusammen, bis sie in ein bewusst mit ihm erlebtes Ganzes übergehen.

In der Begegnung mit Gott können Sie absichtlich Kontrolle loslassen und ihm übergeben. Das beginnt damit, dass Sie die Zeit der Begegnung mit ihm seiner Führung übergeben. Nicht Sie gestalten eine „schöne, besinnliche Zeit", sondern er übernimmt das Steuer über diese kostbaren Minuten. Es wird geschehen, was er will. Stellen Sie sich ruhig ein Auto vor, an dessen Steuer Sie sitzen. Und dann stellen Sie sich bildlich vor, wie Sie bei voller Fahrt die Hände vom Lenkrad nehmen. Setzen Sie sich in Gedanken auf die Hände drauf (Sie können das gerne auch wirklich tun) und laden Sie Gott ein: „Übernimm jetzt du. Ich gebe ab. Ich verzichte freiwillig auf jede Eigenmächtigkeit. Meine Gedanken lenken mich nur ab. Deine Gedanken lenken in die richtige Richtung. Ich vertraue darauf, dass du besser weißt, wohin es gehen soll in diesen Minuten." Damit öffnen Sie die Dämme Ihres Inneren, damit sein Geist einströmen kann in Ihren Geist, so wie bei der Flussmündung von vorhin. Damit er göttliche Gedanken mitbringen kann und alles andere, was er heute hineintragen will in Ihr Bewusstsein.

Ein vielleicht noch schöneres, wärmeres Bild dafür ist ein Tanzpaar: Ein Partner führt, der andere überlässt sich der Führung. Es ist völlig klar: Hier geht es nicht um Unterdrückung und Demütigung. Es geht um eine gemeinsame höhere Würde. Ein gemeinsames Erlebnis, wo die Rollen klar sind und sich beide in ihre Rolle einordnen und sie genussvoll miteinander ausleben. Es geht nur miteinander und wenn beide ihre vereinbarte Rolle einnehmen. Beide werden eine Einheit in ihrer Bewegung, in ihrer Konzentration, in ihrem Vertrauen. Selbst wenn sie kein Liebespaar sind, gestalten sie Nähe und Dynamik. Es geht nur miteinander, und dabei verschmelzen sie vorübergehend zu einem Ganzen, in dem beide sie selbst bleiben und doch sich selbst ganz in die Einheit hineingeben. Der führende Partner gibt die Schritte, Drehungen und die Richtung vor. Der geführte Partner gibt sich nicht auf, sondern er folgt und lässt sich in Harmonie und Vertrauen führen. Vielleicht werden Sie die Begegnung mit Gott manchmal so erleben. Überlassen Sie Ihre Anwesenheit seiner Anwesenheit, Ihr Dasein seinem Dasein.

Bleiben Sie gerne in diesem Zustand des frei-willigen Geführt-Werdens. Halten Sie darin aus. Reflektieren Sie diesen Moment ausgiebig: „Ich habe jetzt die Kontrolle abgegeben. Gott übernimmt. Er ist freundlich und gut. Was auch immer ihm in diesem Moment gefällt, wird nun geschehen. Was er mir geben will, wird er mir geben. Was nicht, das eben nicht."

Strecken Sie sich aus nach dem Frieden, der in dieser Haltung möglich ist. Vielleicht gelingt das anfangs nur für ein paar Sekunden, dann greifen im Gedanken die Hände wieder nach dem Lenkrad. Macht nichts. Lassen Sie wieder los. Laden Sie Gott wieder ein, zu übernehmen. Aus den Sekunden werden nach und nach Minuten, solange wie Sie es positiv oder zumindest erträglich finden.

Diese Zeiten und Zustände der Machtlosigkeit, in denen Sie gerne Gott Raum für seine Machtausübung geben, enden meistens mit Gedanken, Worten, Gefühlen, die Sie wieder ans Steuer drängen. Lassen Sie dann nochmals los oder auch nicht, wie Sie wollen.

Es ist Ihr Geist, Ihr Leben, über das Sie entscheiden, und Gott respektiert das ohne negative Emotion. Aber in Ihnen selbst wird der Wunsch danach wachsen, Gott noch länger führen zu lassen. Und früher oder später werden Sie fragen: Warum muss das überhaupt aufhören? Kann dieser Zustand, diese Existenzform nicht über die unmittelbare Begegnung mit Gott hinaus weiter so bleiben?

Wenn Sie an diesen Punkt kommen, dass Sie diesen Wunsch verspüren: Dann sind Sie nahe an Gottes Herz der Freundlichkeit und Zuneigung, seines Wohlwollens und seiner Dynamik gekommen. Sie wünschen das, was Gott auch wünscht. Dann brauchen Sie keine Bücher zu diesem Thema und keine Ratschläge mehr. Dann sind Sie angekommen und angenommen und überlassen Gott endgültig die ganze Führung und Macht. Es wird weiter Rückschläge und Enttäuschungen geben, auch in Ihren Begegnungen mit ihm. Sie werden manchmal wieder die ganze Macht an sich reißen – aus plötzlicher Angst, aus Gedankenlosigkeit, aus Gewohnheit, unter dem plötzlichen Druck der Umstände. Aber Sie wissen jetzt, wie sich das eigentliche Leben anfühlt: In diesem tiefen Vertrauen und Frieden zum super Überfluss-Wesen, in der andauernden Begegnung mit ihm. Dort wollen Sie wieder hin, ich garantiere es Ihnen. Wenn Sie ihn einmal erfahren, geschmeckt haben, wollen Sie mehr. Dann wollen Sie nur mehr dort weiterleben.

Und ganz sicher: Er lässt Sie immer wieder dorthin kommen. Der momentweise Wunsch, es doch alleine zu machen, alleine zu leben und zu führen im eigenen kleinen Königreich, wird nachlassen. Manchmal wird der Wunsch bei Ihnen anklopfen, hin und wieder werden Sie ihm noch vorübergehend Raum geben. Aber Sie wissen immer deutlicher, wo Sie hingehören. Es wird Sie immer mehr dorthin ziehen. Und Sie werden immer mehr, immer eindeutiger, immer unumkehrbarer bei diesem Überfluss-Wesen zuhause sein wollen – und tatsächlich zuhause sein.

18
Wie weiterleben?

Stellen Sie sich bitte das Folgende vor, wie eine Filmszene: Sie stehen ganz im Dunkeln. Nach ein paar Minuten ahnen Sie, dass da noch jemand ist, unsichtbar, still. Da fällt von oben ein Lichtstrahl herein. Die andere Person bleibt ganz im Dunkeln. Doch dann streckt diese Person langsam einen Finger in den Lichtstrahl. Und Sie können erkennen: Auf dem Finger liegt ein winziges Sandkorn. Ihnen wird blitzartig klar: Dieses Sandkorn ist der ganze Kosmos. Irgendwo in diesem Sandkorn ist unsere Galaxie, und darin irgendwo unser Sonnensystem, und irgendwo darin unser Planet, und irgendwo darauf Sie.

Das Sandkorn wächst ein bisschen – unerklärlich, so wie die Ausdehnung unseres Kosmos. Am Finger ist jedenfalls genug Platz. Sie sind sicher: Das Sandkorn wird niemals runterfallen. Und der Finger hängt an einer Hand. Und die Hand hängt an einem Arm. Und der Arm hängt an einer Person. Und diese Person ist Gott.

Sie sehen sich um und merken: Das ist außer Ihnen, Gott und dem Sandkorn nichts. Totale Leere. Nur irgendwo ganz weit weg sehen Sie ein kleines Leuchten, kaum zu erkennen, nicht zu beschreiben. Sie blinzeln und sehen: Mehrere dieser kleinen Lichtpunkte umschwirren Sie in großer Entfernung. Sie sind in der Mitte und die Lichtpunkte außenrum. Kann es sein, dass Sie in Wahrheit in einem Atom drinnen sind mit Gott und dem Kosmos auf seinem Finger zusammen? Wie das gehen soll – keine Ahnung, nicht so wichtig.

Vielleicht hilft das Bild dabei zu ahnen, mit wem wir es zu tun haben, wenn wir vom super Überfluss-Wesen Gott sprechen. Er lebt in einer völlig anderen Realität, die unsere Realität durchdringt und sie wie ein Sandkorn am Finger hält. Zugleich reichen sein Blick und seine Existenz bis in jedes Atom und seine Bestandteile und die Bestandteile der Bestandteile und deren Bestandteile hinein. Was auch immer da drinnen im Nanokosmos sein mag: Gott sieht es und durchdringt es. Er hat den Makro- und den Nano-Überblick, und ihm gehört alles.

Darum kann er Ihr Leben sichern und verankern. Er kann es wirklich reich machen. Er kann Sie unabhängig vom Urteil der Menschen machen (das ist dann wahre Souveränität). Sie brauchen keinen Lottogewinn. Sie brauchen keine Yacht und kein Schlaraffenland, wo die köstlichsten Würste (oder Veggieburger) von selbst in dem Mund segeln. Sie brauchen in Wahrheit keine sexuelle Erfüllung und keinen Schönheitschirurgen, auch wenn Ihnen alle möglichen -ologen das Gegenteil beteuern (aber die wissen selber nicht, wohin sie mit ihrer inneren Leere gehen sollen). Was Sie brauchen, ist das Leben aus der Begegnung mit diesem super Überfluss-Wesen, das alles wie ein Sandkorn am Finger hält und für den zugleich jedes Atom ein Kosmos ist.

So wie Sie es am Anfang dieses Buches gelesen haben:

Es gibt für Sie ein Leben, das glücklich macht – egal wieviel Geld Sie vorläufig haben. Egal, wie gesund oder krank Sie vorläufig sind. Und egal, wieviele Träume sich vorläufig erfüllt oder endgültig zerbröselt haben. Es gibt ein Leben, das nicht von den wechselnden Umständen und Launen der Menschen abhängt. Auch nicht von Ihren eigenen. Ein Leben mit einem stabilen Zentrum. Mit einer Quelle, die Sicherheit und Souveränität gibt. Mit Gelassenheit und innere Stärke für alles, was so daher-

kommt im Leben. Ein Leben mit echter Qualität, das immer wieder neu Freude macht. Trotz aller politischen, wirtschaftlichen und persönlichen Krisen.

Und wenn man dieses Leben mit den super Überfluss-Wesen begonnen hat und ihm immer wieder bewusst begegnet – wie beendet man eine Begegnung mit Gott halbwegs würdevoll? Gar nicht.

Denn in Wahrheit ist das ganze Leben eine durchgehende Begegnung mit Gott.

Man kann sich natürlich die Ohren und Augen zuhalten, so wie viele Menschen.

Man kann gezielt wegschauen und empört behaupten: „Ich sehe Gott nicht."

Man kann in der Wüste oder in der eigenen Seele verdursten und mit dem letzten Atemzug noch röcheln: „Ich brauche keinen Gott."

Man kann selber existieren und dazu noch die Existenz von allem, was existiert, sehen und trotzdem überlegen lächelnd erklären: „Es gibt Gott nicht."

Ja, das geht. Aber ist das wirklich schöner und erfüllender, als ihn zu suchen und zu finden? Alle Menschen, die diesen Gott ablehnen – wieso auch immer – frage ich: Was ist deine Alternative, die besser ist, die mehr Freude und Kraft gibt als dieser Gott? Es gibt keine solche Alternative. Es gibt nur die Ablehnung. Und warum soll die besser sein?

Gott hat eine ganze Welt geschaffen, inklusive Ihrer Person, damit Sie ihn erkennen. Aber er zwingt Sie nicht dazu. Gott ist entgegenkommend. Er hält Ihnen die Tür auf, wie ein Gentleman einer Dame die Tür aufhält, damit Sie bequem eintreten können bei ihm. Aber er schubst Sie nicht über die Schwelle. Den einen Schritt können nur Sie selber tun.

Lassen Sie bewusste Begegnungen mit Gott in diesem Geist, mit diesem Eindruck seines Entgegenkommens weiterklingen. Sie sind frei! Sie haben die volle Würde eines Menschenwesens, egal wie eingeschränkt Sie äußerlich sind: Etwa durch Krankheit, Armut, Alter, Einsamkeit oder Unterdrückung. Egal was geschehen oder nicht geschehen ist, egal ob und was Sie gefühlt und erkannt haben oder nicht. Diese Zeit mit ihm, dieser Tanz unter seiner Führung, dieser Moment geht vorüber, aber Gott bleibt und kommt Ihnen immer entgegen. Ruhen Sie noch ein paar Momente oder Minuten, ohne gezielt an etwas zu denken. Vielleicht planen Sie schon, wann Sie sich das nächste Mal dafür Zeit nehmen wollen. Aber vergessen Sie nicht: Gott ist auch bis dahin anwesend in seiner ganzen Person und Fülle, in seinem Überfluss und all seinen Eigenschaften.

Erlauben Sie nun Ihrem Alltag, Ihrem Lebenszusammenhang wieder langsam vom Rand ins Zentrum Ihres Bewusstseins zu wandern. Spüren Sie Ihrem Körpergefühl noch nach. Oft wird es Sie noch eine Zeit lang begleiten. Ihre Aufmerksamkeit, Ihr

Bewusstsein wendet sich nun wieder anderen Dingen als unmittelbar Gott zu.

Gottesbegegnungen sind nicht wohltuende Inseln in einem Alltag ohne Gott. Sondern hin und wieder müssen wir uns aus einem Leben mit Gott heraus auch mal vorübergehend mit anderen Dingen beschäftigen, bevor wir uns seine unveränderte Nähe wieder ganz bewusst machen.

Wie eine Kompassnadel, die vorübergehend durch andere Einflüsse vom Nordpol abgelenkt wird. Aber sie wird immer wieder zum Nordpol zurückkehren, sobald die Ablenkung weg ist. Denn der Nordpol ist ihr Bezugspunkt, ihr Anhaltspunkt, ihr eigentliches „Zuhause".

Denken Sie so (oder in einem vergleichbaren Bild Ihrer Wahl) über sich und Gott und Ihre Beziehung zu ihm. Und feiern Sie jeden Tag die Tatsache, dass Sie gefunden haben, wonach sich Ihr Herz am tiefsten sehnt: Diesen Bezugspunkt, diesen Anhaltspunkt, dieses Zuhause. Dieses Zuhause ist kein totes Gebäude aus Steinen oder Gedanken, sondern eine lebendige, dynamische Person. Nicht sichtbar, materiell und vergänglich. Sondern innerlich, geistig und unangreifbar.

Bei dieser Person zuhause sein ist glücklich leben.

Das ist Leben.